RICHARD STEINPACH
SIEH: DIE WAHRHEIT LIEGT SO NAHE
ES HAT SICH ERWIESEN

RICHARD STEINPACH

Sieh:
Die Wahrheit liegt so nahe

———

Es hat sich erwiesen

BAND 4

VERLAG DER STIFTUNG GRALSBOTSCHAFT

STUTTGART

Die Deutsche Bibliothek – CIP-Einheitsaufnahme

Steinpach, Richard:
Sieh: die Wahrheit liegt so nahe / Richard Steinpach. –
Ditzingen: Verl. der Stiftung Gralsbotschaft.
Bd. 4. Es hat sich erwiesen. – 1. Aufl. – 1994
ISBN 3-87860-226-X

© 1994 by Stiftung Gralsbotschaft, Stuttgart
Alle Rechte vorbehalten.
1. Auflage 1994
Gestaltung: Berthold Gauder, Musberg
Gesetzt aus der Méridien (Berthold) von Typomedia,
Scharnhausen
Druck und Bindung:
Franz Spiegel Buch GmbH, Ulm-Jungingen
Printed in Germany
ISBN 3-87860-226-X

VORBEMERKUNG DES VERLAGES

Richard Steinpach – der Ende September 1992 verstarb – hat im Verlag der Stiftung Gralsbotschaft etliche seiner Manuskripte veröffentlicht, zum Teil innerhalb der Taschenbuchreihe "LebensWerte", zum Teil in der früher (1952–1989) vom Verlag herausgegebenen Zeitschrift »*Gralswelt*«.

Der Verlag folgt mit dieser Werkausgabe der Schriften von Richard Steinpach einem Anliegen des Autors, der die Fülle seiner Manuskripte selbst noch zu einer Buchreihe ordnete. Er gab den von ihm gedachten Bänden mit dem Reihentitel »*Sieh: Die Wahrheit liegt so nahe*« einen leitmotivischen Zusammenhalt.

Die Werkausgabe gibt die vom Autor hinterlassene Textgestalt seiner Manuskripte wieder. Dadurch bedingt, enthalten manche Aufsätze auf ihre Zeit bezogene, aktuelle Angaben. Der Verlag hat in solchen Fällen von richtigstellenden Ergänzungen abgesehen, weil die Aussagen des Verfassers deswegen nicht überholt oder veraltet sind. Im Gegenteil: Soweit sie sich mit damals neuen, wissenschaftlichen Erkenntnissen befassen, haben die daraus gezogenen Folgerungen sich durch die Ergebnisse weiterer Forschungen nur immer deutlicher bestätigt. Daß jedoch bei allen Darstellungen immer auch die *subjektive Meinung* des Verfassers eine wesentliche Rolle spielt, wird jeder Leser verstehen und als notwendigen Impuls des schriftstellerischen Schaffens gelten lassen.

Die folgende Aufstellung gibt eine Übersicht über alle Bände der Werkausgabe; ihr vollständiges Vorliegen ist bis Frühjahr 1995 geplant.

Bei allen Zitaten in diesem Buch, die der Gralsbotschaft »Im Lichte der Wahrheit« von Abd-ru-shin entnommen sind, verweist nur das Kürzel GB für »Gralsbotschaft« sowie der Titel des Vortrags auf den Fundort; zitiert wird nach der Ausgabe in einem Band, Verlag der Stiftung Gralsbotschaft, Stuttgart, 1984.

WERKAUSGABE RICHARD STEINPACH

»Sieh: Die Wahrheit liegt so nahe«

Band 1: *»Weg und Ziel«*
Vorwort / »Am Morgen« (Gedicht) / Wozu leben wir auf Erden? / Die Suche nach dem Glück / Den Seinen gibt's der Herr im Schlaf / Die rätselhafte Wirkung: Homöopathie / »Gottsuche« (Gedicht) / Weihnachten / Der Druckausgleich / »Das große Kreisen« (Gedicht)

Band 2: *»Selbsterkenntnis«*
Wann entsteht der Mensch? / »Was ist das überhaupt – eine Frau?« / Die mißverstandene Gleichheit / Wohin führt die Mode? / Der gutgemeinte

Irrtum / AIDS – die unterlassene Abwehr

Band 3: »*Irrwege*«
Der unwillkommene Geist (Gedanken zur Geburtenregelung) / Dein ist mein ganzes Herz (Gedanken zur Organverpflanzung) / Der Schritt über die Schwelle (zum Suchtproblem) / Das trojanische Pferd (zur Atomenergie) / Das einst Erlebte (Rückführung in Vorexistenzen) / Das »gefälschte« Grabtuch

Band 4: »*Es hat sich erwiesen*«
(vorliegender Band)

Band 5: »*Was uns Goethe sagen wollte*«
Wer immer strebend sich bemüht...
(Gespräch über Goethes Faust)

INHALT

Laser (*Licht aus Seinem Ewigen Reich*) . . . 13
Kybernetik – der unerkannte Schlüssel . 45
Das Unbegreifliche – hier wird's Ereignis
– *Was uns die »Schwarzen Löcher«*
sagen – 87
Die »Entdeckung« der Erbsünde:
Das verkrüppelte Gehirn 137
Der Gottes-Ausweis (Gedicht) 199

LASER

(Licht aus Seinem Ewigen Reich)

Sie haben, auch wenn Sie sich nicht mit Physik befassen, vom Laser-Licht sicherlich schon gehört. Dieses Licht war vor rund einem Jahrzehnt noch unbekannt, es kommt in der uns sichtbaren Natur nicht vor, sondern wird auf technischem Wege erzeugt. Kaum erweitern wir auf diese Weise ein wenig die Grenzen unserer irdischen Umwelt, begegnen wir einer Fülle von Seltsamkeiten.
Unsere körpergebundenen Sinne sind zwar nur dazu bestimmt und befähigt, Grobstoffliches wahrzunehmen. Doch Sie kennen gewiß den Begriff des »Tanagra-Theaters«: Das Geschehen auf der wirklichen Bühne wird durch Spiegelung so sehr verkleinert, daß es uns erscheint, als würde es in einem Guckkasten von winzigen Figürchen gespielt. Für uns Menschen ist die Natur eine solche Guckkasten-

bühne. Sie zeigt die gleichen Vorgänge wie auf der großen, uns unsichtbaren Szene in allen ihren Abspiegelungen.

»Der Mensch, der aufmerksam um sich schaut, kann in seiner nächsten Umgebung vielfach das Grundbild alles Geschehens in der Schöpfung genau beobachten, da sich in dem Kleinsten immer auch das Größte spiegelt.« (GB »Schöpfungsentwicklung«)

Wir müssen nur die Proportionen entsprechend weiten und von einer Schöpfungsart in die andere übertragen, dann enthüllt die Natur uns auch die für den lebendigen Kern des Menschen gültigen *geistigen* Gesetze, denn so wie es in der Schöpfung ist, so ist es auch in uns, da wir zu ihr als ein Teil gehören. Wir sind daher trotz der Beschränkung unserer Sinne auf das Grobstoffliche in der Lage, alles Grundlegende im Gleichnis zu erkennen. Welch beglückende Möglichkeit!
Wir sehen zwar die Naturgesetze innerhalb unserer grobstofflichen Welt nur deren Ver-

dichtung entsprechend; doch da sie aus dem lebendigen Urquell Gottes kommen, *»liegt es klar, daß sie in gleicher unerschütterlicher Logik und Straffheit auch auf dem weiteren Wege zu ihm zu finden sein müssen, sogar noch reiner und klarer, je näher sie dem Ausgangspunkte stehen.«* (GB »Ich bin der Herr, Dein Gott!«)
Im Laser ist uns nun eine neue Art des Lichtes bekannt geworden. Hier zeigen sich die Gesetze noch deutlicher. Manches, das für uns sonst kaum faßbar wäre, wird uns dadurch begrifflich näher gebracht. Deshalb wollen wir uns ein wenig mit diesem seltsamen Licht befassen.
Das Wort LASER stammt aus dem Englischen. Es ist eine Abkürzung, gebildet aus den Anfangsbuchstaben von »Light Amplification by Stimulated Emission of Radiation«, was etwa »Lichtverstärkung durch angeregte Strahlenaussendung« bedeutet. Vom Physikalischen her ist das Wesen des Lasers damit umrissen. Sehen wir uns den Vorgang nun näher an.
Um den Kern jedes Atoms kreisen bekanntlich Elektronen. Sie bewegen sich in bestimmten

Bahnen mehr oder weniger weit vom Kern, je nach der ihnen innewohnenden Energie. Die Wissenschaft kann zwar noch nicht sagen, was Energie eigentlich ist, doch weiß man, daß sie mit dem Licht zusammenhängt. Die kleinste, nicht mehr unterscheidbare Menge an Lichtenergie nennt man daher Lichtquant oder Photon. Je mehr solcher Photonen ein Elektron in sich aufnimmt, desto energiereicher wird es.

Hier beginnt schon das Gleichnis. Denn hat es uns etwa nichts zu sagen, daß selbst die winzigsten Bausteine unserer Welt wirksamer, kraftdurchglühter werden, wenn sie Licht in sich eingelassen haben? *»Licht belebt«*, heißt es in der Gralsbotschaft (»Was sucht Ihr?«). Hier werden diese Worte zur beobachtbaren Wirklichkeit.

Licht ist seinserhaltende Strahlung von ungeheurer Lebendigkeit (Billionen Schwingungen pro Sekunde!). Es ist Ausdruck der Schöpferkraft innerhalb unseres Lebensbereiches. Zeigt uns das Beispiel des Elektrons also nicht, daß es nötig ist, sich dem Lichte zu öffnen, wenn man Kraft gewinnen will? Da des Menschen Art geistig ist, müssen wir freilich »Licht« im geistigen Sinne verstehen, um für uns die Nutzanwendung zu ziehen. Diese Umsetzung wird jeden Anschein einer Willkür verlieren, wenn wir uns daran erinnern, daß die geheimnisvolle Energie, die uns mit dem Lichte erreicht, selbst – wenn auch von anderer – geistiger Art ist. Sie ist ein Niederschlag aus dem gezielten Willensstrome, der von den höchsten Bereichen der Schöpfung ausgeht (Abd-ru-shin »Fragenbeantwortungen«).

Auch irdisch können wir etwa bei einem zielgerichteten Wasserstrahl oder im »Fallout« der Atomexplosionen einen Niederschlag als feinstes, niederrieselndes Versprühen erkennen. Wir brauchen auch hier nur die Ergebnisse der Naturbeobachtung für andere Schöpfungsbereiche gelten zu lassen, um die Herkunft der Energie zumindest bildhaft zu erfassen. Während das geistige Stäubchen, das für uns als Energie in Erscheinung tritt, keiner Entwicklung mehr fähig ist, besitzt das dem Menschen eigene geistige Samenkorn die Anlage, zum »Sich-selbst-Bewußtsein« zu reifen. Diesen Unterschied werden wir bei unseren Vergleichen zu beachten haben.

Da nun die Bahn der Elektronen von ihrer Energie abhängt, nennt man sie auch »Energieniveaus«. Die Summe der Energie seiner Elektronen bestimmt schließlich den Energiezustand des Atomes. In dem Aufsatz »Laser« in der Zeitschrift »Bild der Wissenschaft«, Nr.6/1966, schreibt Prof.Dr. Herbert Böhring: *»Nun kann aber ein Atom immer nur einen seiner möglichen Energiezustände einnehmen. Welchen Zustand es gerade hat, hängt von seiner ›Vorgeschichte‹ ab. Erst in einer Ansammlung gleichartiger Atome werden Atome mit allen möglichen Zuständen vorhanden sein.«*

Würde ein Wesen, das von höherer Warte auf unser Menschengewimmel herabblickt, nicht ähnliche Worte gebrauchen müssen? Auch wir können von allen Stufen der Geistesreife jeweils nur *eine* innehaben, sie entspricht stets unserem gegenwärtigen Zustand, unserer geistigen Beweglichkeit. Dieser Zustand hängt auch bei dem einzelnen Menschen von seiner

Vorgeschichte ab, von allem, was er im Laufe des Seins erlebte und Teil seiner selbst geworden ist. Unter einer Menge von Menschen finden sich solche der verschiedensten geistigen Reifestufen und können – darin liegt die besondere Bedeutung des Erdenseins – hier mit- und nebeneinander leben. Der Blick in die Materie zeigt uns also eine mikroskopische Welt, deren Gesetze der menschlichen ähnlich sind, denn *»Wie die Erfahrungen im Kleinen, nicht anders ist es mit des Menschen ganzem Sein, nicht anders mit ihm selbst!«* (GB »Gottanbetung«)

Wir dürfen das Gleichnis also wagen und wollen beginnen, es zu verfeinern. Setzen wir die verschiedenen chemischen Stoffe etwa den Völkerschaften gleich; so wie jede von diesen ihre besondere Eigenart hat, so haben auch die einzelnen stofflichen Substanzen ein nur ihnen eigenes Frequenzspektrum. Wir hörten schon, daß jedes Atom innerhalb einer Substanz immer nur *einen* Energiezustand haben kann. In der Gesamtheit dieses Stoffes sind nun üblicherweise die Atome mit niederem

Energieniveau weit zahlreicher als jene mit hohem. Leider ist dies auch in der geistigen Schichtung innerhalb der Völker ähnlich. Es wird daraus erschreckend deutlich, wie wenig es der Mensch bisher verstanden hat, von der ihm eigenen geistigbewußten Entwicklungsmöglichkeit Gebrauch zu machen und damit die Gesetze der Materiewelt zu überwinden.

Das Laser-Prinzip unternimmt nun gleichsam von außen her einen solchen Versuch für unsere Stofflichkeit. Wir hörten ja schon, daß es sich dabei um »angeregte« Strahlenaussendungen handelt. Diese Anregung besteht darin, das Verhältnis der Energieniveaus umzukehren, so daß die *Mehrzahl* der Atome des betroffenen Stoffes auf ein *höheres* Energieniveau gelangt. Zu diesem Zwecke wird das geeignete Material – z.B. ein Rubin – mit Lichtquanten »beschossen«. Die Schwingung dieser Bestrahlung muß allerdings im rechten Verhältnis zur arteigenen Schwingung des Stoffes stehen, nur dann kann sie ihre Wirkung entfalten. Veranschaulicht dies nicht in gleichnishafter Weise, weshalb die Verschiedenartigkeit der Religionen nötig ist? Sie entsprechen gleichsam verschiedenen Frequenzen des Lichtes, denn auch die Völker können das (geistige) Licht nur in der *ihnen* gemäßen Art aufnehmen.

Werden die Atome nun mit dem rechten Licht bestrahlt, so saugen einige der auf der innersten Bahn kreisenden Elektronen zusätzlich Lichtenergie in sich auf. Dadurch geschieht etwas Merkwürdiges: sie springen in die äußerste Bahn; es reißt sie geradezu weg vom Kern, der innerhalb des Atoms die größte Verdichtung bildet. Sie sind energiereicher, freier geworden. Besteht nicht eine verblüffende Übereinstimmung zur Fähigkeit menschlichen Wollens?

Eine wirklich (d.h. im schöpfungsgesetzlichen Sinne richtige) große Tat schafft eine lebendige Verbindung mit dem Licht. Eine solche Lichtverbindung hat unser Elektron auf seine Weise in einen höheren Zustand versetzt. Doch:

»Sobald also ein Mensch emporgestiegen ist, so muß er sich auf seiner Höhe halten! *Er kann und darf nicht ausruhen und denken, daß er für eine Zeit genug getätigt hat...«* (GB »Schöpfungsgesetz ›Bewegung‹«)

Hier zeigt sich der Unterschied zwischen dem geistigen Stäubchen unserer Materiewelt und dem sich *bewußten* Menschengeist. Dieser kann und soll das »höhere Energieniveau« halten, weil er des *Wollens* fähig ist. Die durchstrahlende Geistigkeit, die größere Beschwingtheit, können ihm verbleiben, wenn er nur *will*. Er kann damit auf die Umgebung wirken, ohne selbst zu verlieren; im Gegenteil, er wird stets nur gewinnen. Unser Elektron hingegen kann in Ermangelung eines Willens seine Energie nicht behalten. Es muß sie wieder abgeben und fällt auf eine niederere Bahn zurück. Durch den dauernden Beschuß mit Lichtquanten aber tritt schließlich der Zustand ein, in dem die Mehrzahl aller Atome auf dem höheren Energieniveau steht. Das frühere Verhältnis ist umgewandelt. Die Voraussetzung für die durchdringende Laser-Strahlung ist geschaffen.

Bei diesem »Anregen« oder »Hochpumpen«, wie die Physik es nennt, spielt der Mensch, so scheint es mir, sich auf dem mikrokosmischen Theater ahnungslos seine eigene Aufgabe vor. Für die Materie erzwingen wir, was wir für uns selbst erstreben sollten. Denn auch wir unterstehen den gleichen Gesetzen, nach denen wir die Elektronen zu leiten suchen. Für die Atome verwenden wir als Anregung das Licht. Uns aber suchen wir durch Aufputschmittel (Nikotin, Alkohol, Rauschgift usw.) in »angeregten Zustand« zu versetzen.

Diese Art einer Anregung läßt sich nicht halten. Versuchen wir es dennoch, so führt dies zur Sucht, die die Zerstörung von Körper und Geist bewirkt. Das winzige Atom, das den Naturgesetzen gehorchen muß, lehrt uns, daß Anregung nur durch das Licht zu gewinnen ist.

Stellen wir uns nun vor, es würde in einem Volk – so wie in dem bestrahlten Stoff – das »Energieniveau« umgekehrt werden, so daß

Menschen von hoher Geistigkeit dauernd in der Überzahl wären. Meinen Sie nicht, es ginge von diesem Volke eine bezwingende, sich stets verstärkende geistige Strahlung aus? Wie nötig wäre es der ganzen Menschheit, das beim Laser bekannte Prinzip geistig auf sich selber anzuwenden und das Licht der Wahrheit in sich aufzunehmen.

Die weiteren Vorgänge beim Laser seien kurz zusammengefaßt: Die durch das »Hochpumpen« bewirkte Strahlung wird durch gegenüberliegende Spiegel in Bruchteilen von Sekunden achsenparallel vieltausendmal hin und her reflektiert. Sie wird dadurch weiter aufgeschaukelt. Einer dieser Spiegel besitzt in der Mitte ein kleines Loch. Hier tritt nun, eng begrenzt, gebündelt und zielgerichtet, ein Licht aus, das seit seiner Entdeckung stets neue, erstaunliche Eigenschaften enthüllt.

Es legt trauriges Zeugnis von der menschlichen Geisteshaltung ab, daß man auch in diesem Licht – seiner durchdringenden Wirkung wegen – vorerst nur die Vernichtungsmöglichkeit sah, und der Laser zunächst als

»Todesstrahl« bekannt geworden ist. Neuerdings arbeitet man daran, Wasserstoffbomben durch Laserstrahlung zu zünden. Doch die Lichtkraft als solche ist völlig neutral. Der Mensch ist es, der sie zum Bösen wie zum Guten lenken kann, so wie er dies auch mit den anderen Kräften der sichtbaren und unsichtbaren Welt – unwissend oft – beständig tut.

Worin bestehen nun die Besonderheiten des Laser-Lichtes?

Die von der Sonne oder einer sonstigen Energiequelle ausgehende Strahlung umfaßt verschiedene Wellenlängen, die sich nach allen Seiten verstreuen. Solche Wellen können miteinander »interferieren«, d.h. sich überlagern, wodurch sie sich verändern, schwächen, ja sogar gänzlich aufheben können. Der Laser-Strahl hingegen besteht fast nur aus Schwingung von *einer* Frequenz, er ist monofrequent oder monochromatisch. Er ist daher von bisher unvergleichbarer Reinheit, schwingt in einer fast vollendeten Sinuskurve. Sein Licht läßt sich auf kleinste punktförmige Ziele zusammenfassen. Die Wellen »*verlassen den Laser wie ein Regiment Soldaten im Gleichschritt*«, schreibt Brotherton in »Maser und Laser« (Umschau-Verlag).

Vom Standpunkte der Gralsbotschaft können wir das als zusammengefaßte Strahlung der Gleichart ansehen. Denn nur die Gleichart schwingt auf gleicher Welle. Für diese Erscheinung fehlt im irdischen Bereich eine menschengeistige Entsprechung. In der Menschheit gibt es keine allumfassende Gleichart. Es ist ja gerade das Wesentliche dieses Daseins im dichten Stoffe, daß Geister unterschiedlicher Reifestufen, somit auch unterschiedlicher Ausstrahlungen, hier miteinander zu leben vermögen.

Selbst wenn sich Gruppen der Gleichart bilden, wird ihre Ausstrahlung vermischt und überlagert werden von solcher anderer Beschaffenheit. Erst nach dem Ablegen des Erdenkörpers schließen die Gleicharten sich zusammen und bleiben voneinander gesondert. Was dem Laser physikalisch zugrunde liegt, findet sein geistiges Gegenstück also erst ab dem Bereiche der Astralebene, die schon zur mittleren Grobstofflichkeit gehört. So können wir mit diesem Licht, das von uns in die grobe Grobstofflichkeit dieser Erde erst hineingezwungen werden muß, einen Blick über eine Grenze tun in eine anders beschaffene Welt.

Das Durcheinander des erdenmenschlichen Wollens, dem die zerflatternde, sich vielfach überlagernde Ausbreitung des uns umgebenden Lichtes entspricht, steht hier deutlich dem zielklaren Wollen der Gleichart gegenüber, wie es uns in der durchdringenden Wirkung des Laser-Lichtes abbildhaft in Erscheinung tritt. Führt uns dies nicht den Wert gleichgerichteten Strebens, etwa gemeinsamer Andacht vor Augen?

Bezogen auf seine eng begrenzte Fläche kann der Laser-Strahl hundertmal heller sein als das Licht der Sonne. Die Oberflächentemperatur der letzteren beträgt etwa 6000 Grad Celsius, der Impuls des Lasers hingegen mag 10 Billionen Grad entsprechen. Er ist von bisher unbekannt gewesener Dichte der Energie, man verwendet ihn deshalb zum Schneiden, Schweißen, Bohren feinster Löcher, denn wohin er trifft, verglüht schlackenlos jedwede irdische Substanz. Eben diese Wirkung aber zeigt m.E. die Lichtkraft höherer Weltenstufen.

Dies wird uns hier an der Erdenstofflichkeit, deren Strahlung weit träger und energieloser ist als jene des Laser-Lichtes, deutlich gemacht. Hier zeigt sich, daß jeder Bereich der Schöpfung nur in der *ihm* entsprechenden Lichtkraft bestehen kann. Allein dem Menschengeiste ist es vergönnt, die Schöpfung zu durchwandern. Er vermag in sich selbst nach dem Lichte zu streben und bei diesem Entwicklungsgang Stufe um Stufe zu erklimmen, um so jeweils gleichartig in der erhöhten Lichtkraft zu bestehen.

»Nichts bleibt unbeleuchtet«, heißt es im Vortrag der Gralsbotschaft »Es soll erwecket werden alles Tote in der Schöpfung, damit es sich richte!« von der reinen Klarheit des lebendigen Lichtes. Tatsächlich ist schon der Laserstrahl imstande, viel mehr Einzelheiten und viel kleinere Objekte aufzuzeigen, als dies den bisher verwendeten Strahlen, selbst dem

Radar, möglich war. Wiederholt wird in der Gralsbotschaft auch von dem Druck des Lichtes, der um so stärker wird, je reiner die Strahlung ist, gesprochen. In dem für irdische Begriffe unvergleichlich reinen Strahl des Lasers erreicht dieser Lichtdruck schon mehrere Kilogramm pro Quadratzentimeter und übertrifft damit alle bisher bekannten Werte. Er ermöglicht es sogar (nach Brotherton, s. vor), die Bahnkorrektur eines Satelliten *wie durch einen stupsenden Finger* vorzunehmen.

Diese Wirkung erstreckt sich nach irdischen Maßstäben auf unvorstellbare Weiten. Der Laser ist imstande, im interplanetarischen Verkehr Impulse zu Raumsonden oder anderen Gestirnen zu senden, wobei selbst nach einer solchen Reise sein Licht vom Hintergrund des Sonnenlichtes noch zu unterscheiden wäre (Brotherton, »Maser und Laser«). Auch auf dem Mond wurde als erstes ein Laser-Reflektor aufgebaut.

Zugleich aber vermag dieses Licht Informationen in nahezu unbegrenzter Fülle aufzunehmen. Die Nachrichtentechnik kennt zwar längst die Möglichkeit der gleichzeitigen Übertragung vieler Gespräche, sie hat im Mikrowellenbereich schon erstaunliche Ausmaße erreicht. Der Laser aber hat alles Bisherige weit übertroffen. Ein Laser-Strahl könnte praktisch die Gespräche der fünffachen Einwohnerzahl der USA *gleichzeitig* übermitteln (Brotherton, wie vor).

Diese scheinbar nüchtern-technischen Angaben liefern einen Schlüssel zum Geheimnis von Raum und Zeit. »*Der Raum- und Zeitbegriff liegt sogar in der ganzen Schöpfung, doch ist er stets an die bestimmte Art gebunden*«, heißt es in der Gralsbotschaft (»Grobstofflichkeit, Feinstofflichkeit, Strahlungen, Raum und Zeit«), und weiter: »*Der verschiedenartige Zeit- und Raumbegriff ersteht durch die mehr oder weniger dehnbare Aufnahmefähigkeit des Erlebens*« und er vergrößert sich bei ausgedehnter »*Erlebensmöglichkeit im vollen Bewußtsein*«. (»Und tausend Jahre sind wie ein Tag!«)

Der Laser-Strahl ist nun von einer Bewegung, die weit über menschlichen Vorstellungen liegt. Er vollführt einige Billionen Schwingungen in der Sekunde. Und siehe: seine Aufnahmefähigkeit ist hierdurch so weit gespannt, daß er die Gespräche mehrerer hundert Millionen Erdenmenschen *gleichzeitig* zu erfassen und in ungeheure Weiten zu übermitteln vermag. Wird uns das nicht zum ergreifenden Gleichnis? Wir lernen verstehen, weshalb die Gralsbotschaft von uns verlangt, in der uns eigenen Art des Geistes regsamer, lebendiger, durchglühter zu werden: Vor der schnellen Beweglichkeit schwinden die Begriffe von Raum und Zeit und gewinnen andere, größere Dimensionen. Die Natur beweist uns in ihrer Art: Dies allein ist der Weg nach oben!

Sein schönstes, am tiefsten berührendes Gleichnis aber zeigt uns der Laser in der *Holographie*. Es ist dies eine neue Art der Photographie ohne Kamera und Linsen. Sie erleichtert uns das Verständnis für die »Schrift im Buche des Lebens« und die Art des großen Gerichtes.

Im Bereiche der irdischen Erscheinungen wissen wir, daß jedes Ding das Licht in der ihm eigenen Weise zurückstrahlt. Dazu sagt Prof. Emmet N. Leith, Minnesota (in »Bild der Wissenschaft« 6/1969): »*Die Lichtwellen, die von einem beleuchteten Gegenstand ausgehen, bestimmen alles, was man überhaupt von diesem Gegenstand sehen kann: Gestalt, Lage, Oberflächenschattierungen und so weiter. Wenn es nun gelingt, diese Lichtwellen aufzuzeichnen und später wieder genauso zu erzeugen, dann ist es klar, daß der Gegenstand gänzlich ›echt‹ wieder erscheinen muß.*«

Während die übliche Photographie sich mit Aufzeichnungen von Helligkeitsunterschieden begnügt, werden bei der Holographie *alle* von dem Objekte reflektierten Lichtwellen festgehalten. Man benötigt dazu allerdings ein gleichförmiges Licht von nur *einer* Wellenlänge, das möglichst punktförmig zusammengefaßt werden kann. Der Laser erfüllt diese Voraussetzungen in idealer Weise.

Bei der Aufnahme wird nun sein Strahl in zwei Bündel gespalten; das eine fällt direkt auf die photographische Platte (es wird »Referenzwelle« genannt), das andere trifft den aufzunehmenden Gegenstand und wird erst von diesem als »Objektwelle« auf die Platte geworfen. Dabei wird der ursprüngliche Wellenzug in der dem Objekte entsprechenden Weise verändert, dessen Eigenschaften werden ihm aufgeprägt. Die Platte hält nun beide Wellenzüge oder, besser gesagt, ihre Unterschiedlichkeiten, in Art eines Strichmusters, dem »Hologramm«, fest. Bei einfacher Betrachtung und den herkömmlichen Vorstellungen von Photographie hat dieses Hologramm nichts mehr mit dem abgebildeten Objekt gemein.

Vergleichen wir damit, was die Gralsbotschaft sagt: Die ganze Schöpfung wird von einer geistigen Kraft durchzogen, die auch »neutrale Hauptkraft« genannt werden kann. Sie ist weder gut noch böse, steht außerhalb dieser Begriffe und ist einfach »lebendige Kraft«. Läßt uns das nach dem vorhin Gesagten nicht an den Strahl des Lasers denken, der die Urform aller Schwingungen, die Sinuskurve, nahezu rein verkörpert und folglich fast frei von Verformung ist? Das echt empfundene Wollen, in dem sich der Menschengeist betätigt, ist der einzige Hebel zur Auslösung dieser Kraft. Die *Art* des Wollens gibt der Mensch an, die Kraft belebt sodann, was der Mensch gewollt hat. Er hat die Kraft nicht in sich, doch er kann sie benutzend lenken.

Der Mensch zweigt also aus dem Strahl der neutralen geistigen Kraft einen Teil für sich ab und verformt ihn nach seinem Wollen. Auf stofflicher Ebene geschieht Ähnliches im Prinzip der Holographie durch die Zweiteilung in den Referenzstrahl, der der unverändert bleibenden Kraft entspricht, und dem Objektstrahl, der durch das Objekt verändert wird.

»Die beschriebenen Blätter aber, die zu dem großen Buch des Lebens gehören, die das Für und Wider eines jeden Gedankens und eines jeden Tuns des einzelnen zeigen, sind die Seelen selbst, *denen sich alles aufgeprägt hat, was sie im Wandel ihres Seins erlebten oder wirkten.«* (GB »Das Buch des Lebens«)

Die Holographie ist ein Mittel, uns dies anschaulich zu machen. Hier werden, wie wir hörten, die Unterschiede zwischen der unverändert gebliebenen und der vom Objekte verformten Lichtkraft in Form eines Hologramms festgehalten. Das Objekt wird also an der gleichbleibenden Strahlung »gemessen«. Aufgezeichnet wird, wie sehr es sich von ihr unterscheidet. Können wir uns da nicht vorstellen, daß auch auf unserer Seele verzeichnet erscheint, wie und zu welchem Zwecke wir die neutrale geistige Kraft verwendet haben? Jedes wie immer geartete Wollen führt zu einer Formung und damit zu einer Abweichung von der ursprünglich ungeformten Kraft.

Das Grundsätzliche dieses Vorganges erscheint nur abgewandelt nach der Schöpfungsart: In der Grobstofflichkeit wird durch die dem Gegenstande entsprechende Verformung der Lichtwellen Art und Form dieses Gegenstandes der photographischen Platte als Hologramm aufgeprägt. Das geistige Wollen, dessen Wirkung bis in die Feinstofflichkeit, ja sogar bis in das Geistige reicht, verformt die geistige Kraft nach Art und Form der Gedanken und prägt sie dabei der Seele auf. Trägt die photographische Platte solcherart das Hologramm des Körperhaften, so trägt die Seele gleichermaßen das »Hologramm des Geistigen«. Es stellt die »Schrift im Buche des Lebens« dar.

Das Sichtbarmachen des Bildes in der Holographie ahmt diesen Vorgang im Stofflichen nach. Das Hologramm, jenes Gewirr von Strichen und Kurven, wird mit dem Laser-Licht beleuchtet. Es wird wieder dem »Referenzstrahl« ausgesetzt, dem reinen, unverändert gebliebenen Licht, das jede Abweichung schonungslos aufzeigt. Die Folge ist: Plastisch entsteht im Raume der abgebildete Gegenstand mit sämtlichen seiner Eigenheiten. Er lebt auf und gelangt zur Auswirkung!

Ob Objekt oder Subjekt, im Strahl des reinen Lichtes wird die an diesem Lichtstrahl vorgenommene Veränderung, die als »Wellenfront« aufgezeichnet worden war, wiederum sichtbar. Grobstofflich sehen wir den Gegenstand wieder; feinstofflich läßt die »Schrift im Buche des Lebens« das Wollen des Menschengeistes sichtbar erstehen, wenn der Strahl der hohen Lichtkraft die Seele trifft und sie damit ins Gericht gestellt ist. Es wird dadurch offenkundig, in welcher Weise sie von der »neutralen

Hauptkraft« Gebrauch gemacht hat. Die Seele erntet dann die Früchte ihres Wollens, wie immer sie auch sein mögen, allein durch dessen Auswirkung. Es richtet also letztlich nicht der Strahl des Lichtes, es richtet sich die Seele selbst an ihm.

Verändert nun ein Körper, der holographiert wird, seine Stellung, Farbe, Form oder Beleuchtung, so ändert sich sofort auch das Hologramm, da ja stets die gegenwärtige Wellenfront aufgezeichnet und *deren* Unterschied zur Referenzwelle festgehalten wird. Das Hologramm gibt also immer nur den zuletzt bestehenden Zustand wieder. Das gleiche gilt aber auch für das sogenannte »Hologramm« der Seele:

»Was eine solche Seele in dem Wandel ihres Seins schon abzulegen fähig war an Falschem oder Üblem, durch schöpfungsgesetzmäßige Auslösungen im Erleben, ist gelöscht und so, als ob es nie vorhanden war; es hängt dadurch nicht mehr an ihr, ist ihr dann nicht mehr aufgeprägt.« (GB »Das Buch des Lebens«)

Nicht »wie warst du?«, sondern »wie bist du?« ist also im Stofflichen wie im Geistigen entscheidend.

Die Betrachter holographischer Reproduktionen konnten es meist nicht glauben, daß es sich nur um Abbilder handelte, nicht um den Gegenstand selbst. Das Bild ist nämlich dreidimensional, unter gewissen Voraussetzungen sogar farbig, es zeigt jegliche Einzelheit des Objektes, ja es verändern sich – geht man daran vorbei oder darum herum – Perspektive, Licht und Schatten so wie bei dem Gegenstande selbst. Erinnern wir uns in diesem Zusammenhang, daß die Gralsbotschaft die fälschlich als Marienvisionen angesehenen Erscheinungen der Urkönigin Elisabeth als »bewegliche Bilder« erklärt.

Die Holographie läßt uns jetzt erkennen, daß die lebendige Kraft reinen Lichtes, welcher – von uns aus betrachtet – der Laser-Strahl nahekommt, tatsächlich Bilder zu liefern vermag, deren Originaltreue weitaus verblüffender ist als jeder uns bisher bekannte Film.

So wie aber der Film aus einer Fülle einzelner

Bilder besteht und eine fortlaufende Aufnahme darstellt, so steht auch der Menschengeist *ständig* im Strahle der »geistigen Hauptkraft«, die er zum Teil durch sein Wollen verformt. Auch wenn diese Vorgänge sich innerhalb der uns nicht sichtbaren Welt abspielen, so erzeugen sie in den ihnen zugehörigen Sphären doch immer wieder »Hologramme«. Nach den mit der Holographie gemachten Erfahrungen kann es uns nicht mehr schwer fallen, uns vorzustellen, daß die Fülle der von der gesamten Menschheit andauernd aufsteigenden derartigen »Wellenschriften« ganze Schöpfungsebenen mit Gebilden zu bevölkern vermag, die zwar dem Gewollten als dessen sichtbare Form genau entsprechen, aber doch nur Abbilder, Schemen sind. Treten die entkörperten Seelen dann in diese Bereiche der Schöpfung ein,

»... so erleben auch im Jenseits Menschengeister alles als ganz echt in den verschiedenen Umgebungen, Formen und den Gebilden... und doch befinden sie sich dabei gar nicht in dem Reiche des wirk-

lichen Lebens, sondern das einzig wirkliche Lebendige dabei sind nur sie selbst! *Alles andere, ihre ganz verschiedenartige und sich verändernde Umgebung, kann nur bestehen durch sie selbst und ihre Gleichgesinnten hier auf Erden.«* (GB »Im Reiche der Dämonen und Phantome«)

Bemerkenswert ist nun, daß die vom Laser bestrahlte Wellenschrift *zwei* Bilder liefert: das richtige (virtuelle) Bild hinter dem Hohlraum und ein anderes Bild (»reelles« genannt) davor, das einige Abweichungen zeigt. Es ist, als würde nicht nur der Gegenstand selbst erweckt, sondern als stelle er auch zugleich sein Abbild vor sich hin, als projiziere er sich, geringfügig abgewandelt, selbst in seine Umgebung hinaus.

»Durch das Lebendigwerden in der eigenen Ausstrahlung der betroffenen Seele prägt der dieser Seele innewohnende Geist seiner neuen Umgebung …eine gewisse eigenpersönliche *Note auf…«* (GB »Eine Seele wandert«)

Geistiges und Stoffliches lassen auch hier, jeweils in der ihnen eigenen Art, das gleiche große Gesetz erkennen.

Eine phantastisch anmutende Eigenschaft der Holographie sei abschließend noch erwähnt: ihre Ergänzungsfähigkeit. Wir kennen dergleichen schon bei der lebenden Zelle; beim Regenwurm ist sie seit altersher besonders bekannt. So entsteht auch aus jedem kleinsten Bruchstück eines Hologramms im Strahle des Lasers wiederum das Abbild des Ganzen, als wüßte das Licht von sich aus, wie der – nicht vorhandene – übrige Teil des Hologramms aussieht. Wird dadurch nicht verständlich, daß auch für uns das letzte Stäubchen einer Schuld von der Seele abgefallen sein muß? Solange ihr noch *irgend* etwas anhaftet vom Üblen, ist es im Lichte immer noch so, als wäre das Ganze vorhanden.

Fassen wir also zusammen: Die Atome geeigneter Substanz wurden mit Licht angereichert, ihre Energie gehoben, sie wurden dadurch gegenseitig angeregt und gleichgerichtet. Das Ergebnis war ein Licht von hoher Lebendigkeit, nahe der höchsten stofflich erreichbaren Reinheit, und siehe: Es zeigte uns in seiner Art eine Fülle von Eigenschaften und Wirkungen, die die Gralsbotschaft vom Lichte berichtet und die uns bislang praktisch unbekannt waren.

Auch wenn es sich dabei freilich nur um eine weit untergeordnete Energie handelt, so kann selbst diese von oben her gesehen niedere, von unserem Blickpunkt aber außerordentliche Kraft uns im Abbild manches von den allgültigen Gesetzen erkennen lassen. Mögen die Bilder auch nicht immer so trennscharf sein wie in höheren Schöpfungsstufen, mögen die Gleichnisse sich manchmal überlagern, so sollten wir den Versuch, die Ähnlichkeiten zu sehen und zu deuten, doch wohl unternehmen, denn nur in Bildern können wir die Schöpfung verstehen.

So betrachtet mag Laser-Licht für uns eine neue Bedeutung gewinnen. Sein Strahl vermittelt uns ein äonenfernes Ahnen vom Licht aus Seinem ewigen Reich.

KYBERNETIK – DER UNERKANNTE SCHLÜSSEL

Als Norbert Wiener, der »Vater der Denkmaschinen«, im Jahre 1948 seine Entdeckung der Kybernetik einer breiteren Öffentlichkeit vorstellte, leitete er damit einen neuen Abschnitt technischer Entwicklung ein. Von den einen gepriesen, von den anderen verwünscht, hat der Computer sich seither weitgehend der menschlichen Einrichtungen bemächtigt. Aber nie ist es ja die Entdeckung selbst, die Fluch oder Segen bringt, stets nur die Art und das Ausmaß ihrer Verwendung.

Das Wort »Kybernetik« ist abgeleitet vom griechischen »kybernetes«; so nannte man dort den Steuermann. Wiener prägte diesen Begriff, weil seine Entdeckung selbsttätige Steuerungen zum Gegenstand hatte. Man spricht daher auch von Steuerungstechnik, Regeltechnik und Regelkreisen. Darin zeitigt

jede Ursache eine Wirkung, die ihrerseits Ursache einer Rückwirkung wird. Diese gegenseitige Abhängigkeit durch die »rückgeführte Information« gestattet es nicht, eine vorbestimmte Ordnung zu durchbrechen.
Der alten Volksweisheit, wonach »die Bäume nicht in den Himmel wachsen«, lag schon das Wissen von einer diese Ordnung sichernden Selbstregelung zugrunde, und auch Aischylos schrieb:

»Wer mehr will, als ihm zugemessen ist, wer über sein Maß hinausstrebt, der verfällt der Hybris und wird furchtbar gestraft.« (H.Kramer, Wörterbuch der Antike, Stuttgart 1933)

In der bedrohlichen Umweltlage beginnt man Wahrheit und Schrecklichkeit dieses Wortes zu ahnen.
Durch die Entdeckung der kybernetischen Grundgesetze wurden nun gleichsam die Nervenstränge jenes Geschehens bloßgelegt. Bisher waren ja nur seine Auswirkungen, nicht aber sein ineinandergreifender Ablauf be-

kannt gewesen. Wieners Veröffentlichung trug den Titel »Kybernetik oder die Nachrichtenübertragung in Lebewesen und Maschinen«. Schon die darin enthaltene Gleichsetzung von natürlichen und künstlichen Organismen hätte aufhorchen lassen müssen. Sie ließ ja erkennen, daß es nicht allein um Technisches ging.

Tatsächlich kam es in der Folge zu ungewöhnlichen Weiterungen: Die Technik, sonst wissenschaftliche Ergebnisse *verwertend*, lieferte mit der Kybernetik selbst den Schlüssel zum Verständnis der Vorgänge vieler anderer Sachgebiete. Obwohl man aber in der Biologie, Ökologie, Soziologie, Psychologie, Ökonomie, Geschichte und vielen anderen Bereichen kleinere und größere Regelkreise und ihr Zusammenspiel als die bestimmenden Grundlagen alles Geschehens feststellen konnte, starrt man immer noch wie gebannt vor allem auf die *nachbildende* technische Anwendung dieser Gesetzmäßigkeiten. Allmählich erst wird die Einsicht reifen, daß uns damit eine Offenbarung geschenkt worden ist. Denn Norbert Wiener hat an einem winzigen Zipfel das Gesetz der Schöpfung zu fassen bekommen.

Der Regelkreis der Schöpfung

Der Techniker sagt: »*Kybernetik tritt auf in wechselwirkenden Systemen, die auf einer Kreiskausalität beruhen.*« Zwei Voraussetzungen sind demnach für selbsttätige Steuerung nötig: *Wechselwirkung* – also gegenseitige Beeinflussung – und ein *Ringschluß*, durch welchen eine Wirkung auf ihre Ursache zurückgeführt wird.
Die Gralsbotschaft – geschrieben zwischen 1924 und 1937, also erhebliche Zeit vor dem Bekanntwerden der Kybernetik – beschreibt bereits »Das Gesetz der Wechselwirkung«:

»*Ein Gesetz, das in der ganzen Schöpfung von Urbeginn an liegt, das in das große, nimmer endende Werden unlösbar hineingewoben wurde als ein notwendiger Teil des Schaffens selbst und der Entwickelung. Wie ein Riesensystem feinster Nervenfäden hält und belebt es das gewaltige All und för-*

dert dauernde Bewegung, ein ewiges Geben und Nehmen!« (GB »Schicksal«)

Und über die zweite Voraussetzung selbsttätig wirkender Regelkreise kann man ebendort lesen:

»Alles Geschehen in der Schöpfung ... muß in seinem Kreislauf einen richtigen Abschluß erhalten, oder, wie man auch sagen kann, es muß sich als Ring schließen. Deshalb kehrt nach den Schöpfungsgesetzen auch alles unbedingt auf seinen Ausgangspunkt zurück, wo allein es sein Ende finden kann, also gelöst, aufgelöst, oder als Wirkendes ausgelöscht wird. So ist es mit der ganzen Schöpfung selbst, wie auch mit jedem einzelnen Geschehen. Daraus entsteht die unbedingte Wechselwirkung....« (GB »Symbolik im Menschenschicksal«)

Wenn also die beiden Grundlagen selbsttätiger Steuerungen *im Schöpfungsganzen verwirklicht* sind, so erscheint es nur folgerichtig, auch dieses als Regelkreis anzusehen. So erklärt sich auch, weshalb man bei näherer Betrachtung ineinandergreifende Regelkreise überall findet. Sie alle sind nur Teile einer größeren Ordnung und folgen einheitlichen Gesetzen. Daher muß auch der Techniker diese Gesetze in seinen Geräten verwirklichen, wenn er darin ein lebendiges Geschehen nachzugestalten versucht.

Vieles, das uns bisher unbegreiflich erschien, kommt unserem Verständnis dadurch näher. Wir wissen, daß man einen Computer »programmieren« muß. Dieses Programm enthält alle Anweisungen für die selbsttätige Zielerreichung durch die Maschine. Der Wille einer außerhalb bleibenden Macht wird ihr also, wie man sagt, »eingespeichert«.

Allmählich beginnt man hinter dem weisen, sich selbst regelnden Haushalt der Natur ein solches Computerprogramm zu vermuten (Anthony Smith »Die programmierte Natur«, Axel Juncker-Verlag). Die Gralsbotschaft (»Die Welt«) aber hat schon vor langem gesagt, daß sich in den Naturgesetzen der Schöpfungswille Gottes zeigt, und weiter ausgeführt:

»Gott wirkt den Kreaturen gegenüber, also auch Euch, in dieser Schöpfung überhaupt nur durch die ehernen Gesetze, welche darin fest verankert sind von Anfang an! Unverbiegbar sind sie, unantastbar, und ihr Wirken erfolgt stets mit unfehlbarer Sicherheit. Es ist auch unaufhaltsam und zermalmt, was sich ihm in den Weg zu stellen sucht, anstatt sich wissend einzufügen in ihr Schwingen.« (GB »Es ist vollbracht!«)

In diesen Worten ist alles enthalten, was das Wesen eines Regelkreises ausmacht. Ins Technische übersetzt, erscheint hier Gott als der Programmierer des Riesen-Computers »Schöpfung«, sein Wille als das Programm, das sich darin unabdingbar verwirklicht. Auch die – noch zu besprechende – selbsttätige Störungsbekämpfung wird aufgezeigt.
So löst sich auch der alte Widerstreit zwischen Philosophien und Religionen. Aus der Selbstregelung glaubte der Materialismus folgern zu können, die Schöpfung sei aus sich entstanden, sie habe keines Schöpfers bedurft. Nun erweckt ein Computer zwar den *Eindruck* des Automa-

tenhaften, doch auch er braucht eine ihn schaffende und programmierende Kraft. Manche Bekenntnisse wiederum meinten, Gott kümmere sich willkürlich regelnd um alles persönlich. Der *selbsttätige* Lauf eines Computers aber macht klar, daß dies unnötig ist. Er bestätigt die Worte der Gralsbotschaft (»Schicksal«):

»*Aber Gott greift in alle diese kleinen und großen Menschensorgen, Kriege, Elend und was Irdisches noch mehr ist, gar nicht direkt ein! Er hat von Anfang an in die Schöpfung seine vollkommenen Gesetze gewoben, die selbsttätig ihre unbestechliche Arbeit durchführen, so daß sich alles haarscharf erfüllt, ewig gleich sich auslöst, wodurch eine Bevorzugung ebenso ausgeschlossen ist wie eine Benachteiligung, jede Ungerechtigkeit unmöglich bleibt.*
Gott braucht sich also darum nicht besonders zu kümmern, sein Werk ist lückenlos.«

Der Materialismus, der der Automatik wegen den Schöpfer leugnet, und die ihn zwar anerkennende Theologie, die aber die Selbsttätigkeit seines Werkes nicht wahrhaben will, erweisen sich vor dem Bilde des Regelkreises der Schöpfung als Teilwahrheiten, gleichermaßen richtig wie falsch. Es widerlegt sich darin aber auch die Weltsicht des Pantheismus, denn der Hersteller so wie der Programmierer eines Computers geht nicht selbst in diesem auf. Er steht *außerhalb* seines *begrenzten* Werkes.

Diese Begrenztheit wird von der Naturwissenschaft zwar schon erahnt, denn was uns unendlich *erscheint*, muß es in Wahrheit ja keineswegs sein. Im vergleichenden Bild wird es nun möglich, unsere engen Grenzen der Überschaubarkeit zu sprengen. –

Um einen Computer zu betreiben, benötigt man elektrischen Strom. Er ist ein Ausläufer jener urewigen Kraft, die den Riesencomputer der Schöpfung in Gang hält:

»Diese reine, schöpferische Gotteskraft durchfließt fortwährend die ganze Schöpfung, liegt in ihr, ist untrennbar von ihr. Überall ist sie zu finden: in der Luft, in jedem Wassertropfen, in dem wachsenden Gestein, der strebenden Pflanze, dem Tier und na-

türlich auch dem Menschen. Es gibt nichts, wo sie nicht wäre.« (GB »Verantwortung«)

Steuer-Computer werden gebaut, weil sie durch ihre Selbststeuerung die ihnen eingegebenen Ziele stets *bestmöglich* zu erreichen suchen und entgegenstehende Hindernisse selbsttätig unwirksam machen. Wenn es nun unter den genannten Voraussetzungen sogar uns gelingt, die Durchsetzung unseres Willens innerhalb eines von uns geschaffenen maschinellen Getriebes zu gewährleisten, so darf man annehmen, daß der große Regelkreis der Schöpfung in gleicher Weise für die unbedingte Verwirklichung des Gotteswillens sorgt.
Dadurch erscheinen alte Begriffe in neuem Licht. Hat man sich etwa göttliche Allmacht nicht stets als unbeschränkte Willkür gedacht, als das höchste Ziel kleinen Menschendenkens: alles tun oder lassen zu können? Kybernetische Gesetzmäßigkeit aber zeigt den in die Schöpfung einprogrammierten Gotteswillen als Macht, der sich auf Dauer *nichts entgegenzustellen vermag*. Der Begriff der Allmacht löst

sich so aus der verengenden menschlichen Vorstellung und erlangt überwältigende Größe.

Was versteht man schließlich unter Allweisheit? Sie ist, so sagt die Gralsbotschaft, zur Tat geworden in den göttlichen Gesetzen dieser Schöpfung.

Sind diese Gesetze als das Programm eines Regelkreises zu verstehen, das bestmögliche Zielverwirklichung sichert, so folgt daraus zwingend deren Allweisheit und Vollkommenheit. Die Anwendung kybernetischer Erkenntnisse auch auf das Schöpfungsganze hebt also Schleier um Schleier. Es bestätigt sich, daß auch Religionswissenschaft und Naturwissenschaft in lückenloser Klarheit und Folgerichtigkeit eins sein müssen, wenn sie die *Wahrheit* wiedergeben sollen.

Der Mensch – ein geistiger Regelkreis

Der Körperhaushalt des Erdenmenschen umfaßt eine Vielzahl verflochtener Regelkreise, die selbsttätig für die nötige Anpassung sorgen

(Zellgeschehen, Atmung, Herzschlag, Kreislauf, Hungergefühl, Stoffwechsel, Pupillenreaktion, Temperaturausgleich u.a.). Aber auch in geistiger Hinsicht ist der Mensch als Regelkreis angelegt.

Gehen wir davon aus, daß der Techniker alles, was in bestimmter Weise geregelt werden soll, als »Regelgröße« bezeichnet. Ihr entspräche im vorliegenden Falle der Mensch in seinem innersten Kern, dem Geist. Um zu bewirken, daß sich eine Regelgröße dem Programme entsprechend verhält, muß der Techniker die Bedingungen natürlicher Regelkreise – Ringschluß und Wechselwirkung – durch geeignete Einrichtungen ersetzen. Es sind dies:

a) ein Meßfühler, der den Ist-Wert feststellt und ihn dem Regler meldet;

b) ein Regler, der Ist-Wert und Soll-Wert vergleicht und im Falle einer Abweichung das Programm zu deren Behebung entwirft;

c) ein Stellglied, das dementsprechend die Steuerung durchführt.

Mit allen diesen Einrichtungen ist auch der Menschengeist ausgestattet. Sein Meßfühler ist das Gewissen. Der Aufgabe eines Fühlers entspricht es – wir sehen es im Stoffe etwa bei den Insekten –, daß er als vorgeschobener Beobachter wirkt. So ist auch das Gewissen des Menschen im Außerirdischen angesiedelt. Es ist die Stimme seines geistigen Führers, der einem solchen vorgeschobenen Beobachter gleicht. Die Wirkungsweise ist ähnlich jener, die wir beim Tasten eines Insektenfühlers beobachten können.

Ein geistiger Nervenstrang verbindet diesen Meßfühler mit dem Regler des Menschen, seiner Empfindung. Sie, das zarte Organ des Geistes, muß die Meldung des Gewissens beachten und dafür sorgen, daß jener Kurs nicht verlassen wird, den sie selbst als richtig erachtet. Zu diesem Zwecke muß sie dann dem Stellglied des Geistes, dem Willen, mit welchem der Mensch in die Umwelt hineinwirkt, die entsprechende Richtung geben.

Die Übereinstimmung zwischen der Technik und diesen geistigen Regelkreisen aber reicht weiter. So weist Oskar Jursa in seinem Buch »Kybernetik, die uns alle angeht« (Bertelsmann-Lexikon-Verlag) darauf hin, daß »*das Signal durch einen bestimmten Energiebetrag (Impuls) gegen die Störeinflüsse der Umgebung durchgedrückt werden müsse*«.

Gleichermaßen müssen auch die vom Gewissen ausgehenden Signale sich gegen jene Störungen behaupten, die insbesondere von dem Verstande ausgehen. Infolge seiner Erdgebundenheit vermag er nur irdischen Vorteil zu sehen. Er trübt dadurch oft die Empfindung für die aus höherer Sicht stammende Mahnung des Gewissens. Schließlich aber müssen auch wir unserem *Willen* den entsprechenden Nachdruck verleihen, um das als recht Erkannte zur Ausführung bringen zu können.

Weshalb ist nun der Mensch in seinem außerstofflichen Ich mit diesen Einrichtungen versehen? Es liegt darin ein deutlicher Hinweis auf eine das Irdische überragende Zweckbestimmung.

Nehmen wir, um die Antwort darauf zu finden, wieder das Abbild des Computers zu Hilfe. Ein Computer hat eine sehr große Anzahl von Schalt- und Speicherstellen. So wie jede unserer Körperzellen in sich den genetischen Code speichert, sind sie die winzigen Träger der Information, aus welcher das Programm und das Gedächtnis des Computers besteht. Die vielfältigen Kreaturen der Schöpfung, deren jede in ihrer Weise zu der Verwirklichung des Programmes beiträgt, könnte man etwa mit diesen Schalt- und Speicherstellen vergleichen. Das Aufnahmevermögen der letzteren für die ihnen im Ablauf des Computers zugemittelten Signale aber hängt, wie der Techniker ausführt, entscheidend von deren Reinheit ab. Man verwendet daher für diese »integrierten Schaltungen« nur fehlerfreie Siliciumkristalle, deren Reinheit so groß ist, daß auf 10^9 Siliciumatome, nur ein einziges Fremdatom kommt.

Der Mensch aber besitzt jene Reinheit noch nicht, die ihn zum störungsfreien Empfang der Schöpfungssignale und dadurch zur sinnvollen Mitwirkung befähigen würde. So erscheint die wiederholte Mahnung der Gralsbotschaft *»Haltet den Herd Euerer Gedanken rein!«* geradezu als technische Notwendigkeit! Denn der

Mensch ist nur ein Geistkeim. Er besitzt – um zum Vergleichsbild zurückzukehren – zwar das Schalt*schema*, muß aber, da sein Material zur Aufnahme der Information vom Ursprunge her noch nicht rein genug war, sich diese Reinheit durch Veredelung erst allmählich erwerben.

Ehe darauf eingegangen werden kann, wie dies geschieht, muß allerdings die Wirkungsweise von Regelkreisen noch näher betrachtet werden.

Das binarische System

Schon Leibniz hat sich in mathematischer und philosophischer Hinsicht mit dem Dual-Prinzip auseinandergesetzt, das nur den Aussagewert »wahr« oder »unwahr« kennt. Er hatte damit bereits die Hand an den Puls der Schöpfung gelegt. Auf diesem »binarischen System« der gegensätzlichen, nur zwei Möglichkeiten eröffnenden Entscheidung, beruhen nämlich auch die Einzelschritte eines Computers. Es gibt nur Strom oder keinen Strom. Daß nun gerade eine solche Maschine, in welcher allumfassende Gesetze nachgebildet werden, in dieser Weise arbeitet, muß zu denken geben.

Schon Christus hat ja erklärt, wer nicht für ihn sei, sei gegen ihn. Dieses Wort erschreckte, es klang nach Unterwerfung und entsprach so gar nicht dem ins Weichliche entstellten Bilde der Christusliebe. Läuft aber die Schöpfung als Regelkreis grundsätzlich in der gleichen Weise wie ein Computer ab, so erhält dieses Christuswort eine neue Bedeutung. Jesus, der gleichen Quelle wie das Gesetz der Schöpfung entstammend, gab damit Kenntnis von deren Wirkungsweise. Gibt es darin, wie in einem Computer, nur ein Entweder-Oder, ist ein »Drum-Herum-Reden« ausgeschlossen, so wird es auch einsehbar, weshalb Jesus sagte: *»Eure Rede sei: Ja, ja, nein, nein; was darüber ist, ist vom Übel.«*

Die Gralsbotschaft hat hier beigefügt, daß in diesen Worten mehr liegt, als wir es dachten, weil sie für die Menschheit Aufbau oder Niedergang bergen, und ihr Verfasser erklärte seinerseits unmißverständlich: »*Es gibt ... allein falsch oder recht*«. (GB »Es muß alles neu werden!«)

Wir haben demnach Grund zur Annahme, daß das binarische System auch in dem Regelkreise der Schöpfung gilt!

Rückwirkung und Rückkopplung

Zahllose solcher Ja-Nein-Steuerungen machen nun den Lauf eines Computers aus und bedingen einander in wechselseitiger *Rückwirkung*. Bei Eintritt einer Störung aber setzt *Rückkopplung* ein.

»*Rückkopplung tritt auf in Systemen, die erstens zielorientiert und zweitens bestimmten Störungen ausgesetzt sind, durch welche die Zielerreichung in Frage gestellt wird.*

Die Rückkopplung ermöglicht die Zielerreichung, indem sie die jeweilige Abweichung vom Ziel sogleich an den Regler meldet und diesen zur Reaktion auf die Störung veranlaßt...«, lautet die abstrakte Beschreibung dieses Vorganges durch den Techniker (Oskar Jursa in »Kybernetik, die uns alle angeht«).

Schon in der Bezeichnung Rück-Kopplung kommt die unentrinnbare Verbindung von Ursache und Wirkung zum Ausdruck. Man kannte die selbst erregte Rückkopplung schon seit langem in der Radiotechnik. Sie tritt auf, wenn das Eigenschwingen eines Empfängers zu groß wird. Er wird dadurch selbst zum Sender und überschreitet damit die Grenzen der ihm zugedachten Aufgabe. Der häßliche Pfeifton, der dabei entsteht, ist das Alarmzeichen der Abweichung.

Die Gesetzmäßigkeiten dieses technischen Vorganges gelten aber sinngemäß auch für den Menschen. Zwar nimmt er die Steuerungen, die beim Computer selbsttätig infolge der Programmierung geschehen, auf Grund einer *Willensentscheidung* vor, die das Merkmal des Geistigen ist. Dann aber gilt auch für ihn die gleiche Rückwirkungsautomatik, die im Wesen aller kybernetischen Systeme liegt.

Zwei Beispiele von Regelkreisen aus menschlichen Lebensbereichen sollen dies verdeutlichen. Betrachten wir einmal einen *Staat*. Auch er ist ja ein begrenztes, lebendiges, in allseitiger Wechselwirkung stehendes Gebilde. Die Ziele seiner inneren Ordnung sind ihm durch ein »Programm« in Gestalt der Gesetze eingespeichert.

Innerhalb dieses Rahmens kann jeder sich nach Belieben verhalten. Sein Tun und Lassen wird freilich nicht ohne Auswirkung auf andere und rückwirkend auf ihn selber bleiben. Es wird ihm Anerkennung oder Ablehnung, Vor- oder Nachteil, Zuneigung oder Feindschaft bringen. Wird aber die gesetzliche Ordnung gestört, dadurch, daß jemand sich mehr an Rechten herausnimmt, als ihm von Gesetzes wegen eingeräumt ist, so erfolgt eine Anzeige. Sie ist gleichsam die Rückkopplung in diesem Regelkreis. Der Anzeigende übernimmt damit die Rolle eines Meßfühlers, durch welchen der Regler – Verwaltungsbehörde oder Justiz – von der Störung in Kenntnis gesetzt wird. Dieser Regler vergleicht dann den Ist-Wert (die Tat) mit dem Soll-Wert (dem

Gesetz). In Gestalt des Urteiles entwirft er das Programm zur Beseitigung der Störung, indem er dadurch auf den Willen (das Stellglied) des Täters derart einzuwirken sucht, daß dieser die Störung künftighin unterläßt.

Der Spielraum der denkmöglichen Maßnahmen reicht dabei vom bloßen Verweis bis zur Todesstrafe. Sie haben die Besserung des Täters zum Ziel. Nur die Todesstrafe ist unwiderruflicher Ausschluß aus der Gemeinschaft.

Ähnlich verhält es sich mit der *Sprache*. Auch sie ist ein selbständiges, lebendiges System, dessen *Zweck* gerade in der Wechselwirkung liegt. Ihre Worte entsprechen den Informationseinheiten eines Computers, ihre Grammatik seinem Programm. In Beobachtung der sprachlichen Regeln kann man seinen Gedanken vielfältig Ausdruck verleihen. Je nach der Art aber, wie dies geschieht, werden sich unterschiedliche Rückwirkungen von seiten des Hörers oder des Lesers ergeben. Verletzen wir jedoch die Sprachgesetze, weil wir ihrer nicht mächtig sind (Fremdsprache), so wird die Verständigung, das Ziel aller sprachlichen Programmierung, gestört. Es werden Rückfragen zur Beseitigung dieser Störung nötig. Bleiben schließlich auch diese vergeblich, weil der Gesprächspartner nicht willens oder nicht fähig ist, sich den Gesetzen der Sprache zu fügen, so führt dies selbsttätig seinen Ausschluß aus der Gemeinschaft jener herbei, die sich dieser Sprache als Verständigungsmittel bedienen.

Diese Beispiele sollen nicht nur zeigen, daß wir es – ohne uns dessen bewußt zu werden – laufend mit Regelkreisen zu tun haben; sie sollen vor allem deren Stufenbau sichtbar machen: Da ist zunächst der Freiheitsraum innerhalb des Programmes, der zahllose Möglichkeiten enthält. Aber sogar nach einer Störung verbleibt nochmals ein anderer Freiheitsraum, der Gelegenheit bietet, die Einfügung wiederum vorzunehmen. Erst wenn diese nicht erfolgt, kommt es zu Vernichtung, Abtrennung, Ausschluß.

So wie nun bei einem Rundfunkgerät das Eigenschwingen zu groß werden kann, kann auch bei einem Menschen dessen Eigenwilligkeit ihn in Widerspruch zum Schöpfungsprogramm geraten lassen. Aus dem technischen Abbild und den vorherigen Beispielen wissen wir bereits, daß im Falle einer solchen Abweichung der Meßfühler die Rückkopplung auslöst. Es kann uns daher nicht überraschen, in der Gralsbotschaft (»Weltgeschehen«) zu lesen:

»Den göttlichen Willen, der sich in den feststehenden Naturgesetzen wie Schienenstränge durch das Stoffliche zieht, kann man auch die Nerven in dem Schöpfungswerke nennen, die den Ausgangspunkt, den schöpferischen Urquell, jede Unebenheit in dem gewaltigen Körper des Werkes fühlen lassen oder ihm melden.«

Dieser hier beschriebene »Meßfühler« im Regelkreise der Schöpfung aber macht es nötig und möglich, auch den Begriff »Allwissenheit« richtigzustellen. Es ist nicht das von uns gedachte kleinliche Wissen von jedem Wohl und Wehe des Menschen. Für dieses ist im Ablauf der Schöpfung ohnehin selbsttätig vorgesorgt. Sie ist vielmehr die Kenntnis von jeder *Störung* in diesem Getriebe, von welcher, gleich dem

Kontroll-Lichte eines technischen Apparates, der Meßfühler sofort Kunde gibt.
Dieser Rückkopplungsalarm leitet die Störungsbekämpfung ein. So ergibt sich folgerichtig nach der unbeirrbaren kybernetischen Gesetzmäßigkeit:

»*Lohn und Strafe für den Menschen liegen in dem Schöpfungsweben, das durch Gottes Willen selbst andauernd gleichbleibend geleitet wird. Darin liegt auch Verwerfung oder die Erlösung! Es ist unerbittlich und gerecht, stets sachlich, ohne Willkür.*« (GB »Kult«)

Von dem rechten Begriff der Strafe soll später noch gesprochen werden. Hier interessiert vor allem, daß in den obigen Worten die ganze *Spannweite der Rückwirkung* aufgezeigt wird: Sie reicht von der Zielerreichung, der Erlösung, bis zur Verwerfung, die sich auch in den angeführten Beispielen als unvermeidlich letzte Folgerung ergab. Die Menschheit hat durch das große Naturgeschehen bereits mehrfach erfahren, daß es tatsächlich auch dort solche Endpunkte gibt, die eine Umkehr nicht mehr gestatten. In der Atomphysik war es der Begriff der »kritischen Masse«, mit deren Erreichen die sich aufschaukelnde Kettenreaktion unaufhaltsam den Zerfall der Masse bewirkt. Auch die im Auftrage des »Club of Rome« vom Massachusetts Institute of Technology angestellten Untersuchungen haben zu dem gleichen Ergebnis geführt.

Alle durch Computer theoretisch durchgespielten Entwicklungen liefen auf solche Kipp-Punkte zu, ab welchen die anwachsende wechselseitige Rückwirkung nur noch in die Vernichtung mündet. Die Bedrohlichkeit unserer Lage ist ja gerade darin begründet, daß wir uns von vielen Seiten diesem kritischen Punkte nähern, ohne praktisch in der Lage zu sein, dem wirksamen Einhalt gebieten zu können. Es ist, als triebe die Menschheit in einem nahezu steuerlos gewordenen Boot dem immer reißender werdenden Sog eines Kataraktes entgegen. Es ist die Folge einer langen Fahrt in die falsche Richtung, denn *»das Verstandesmenschentum muß nunmehr ernten, was es*

in Jahrtausenden erzeugte, nährte, großzog und umschwärmte.« (GB »Es war einmal ...!«)
Die selbsttätige Störungsbeseitigung, die jedem kybernetischen System wesenseigen ist, kann daher auch im Regelkreis der Schöpfung zu keinem anderen Ergebnis führen:

»Alles muß versagen und zusammenbrechen, was nicht in dem Sinn und den Gesetzen dieser Schöpfung schwingt; denn dann verliert es nicht nur jede Unterstützung, sondern es schafft sich Gegenströmungen, die stärker sind als jeder Menschengeist und ihn und sein Werk zuletzt immer niederringen.« (GB »Weib und Mann«)

Die Zielerreichung durch Erlangen der Information

Doch nicht nur die Gefahren, die bei falschem Verhalten dem Menschen drohen, auch sein Weg zur Zielerreichung werden aus der Steuerungstechnik ersichtlich. Es ist auffällig, daß gerade in einer Zeit, welche die bisherige Entwicklung der Menschheit als höchst bedenklich erkennen läßt, der Begriff der »Information« eine so große Bedeutung erlangt hat. Das bezieht sich nicht nur auf das Nachrichtenwesen; es beruht darauf auch die Computertechnik. Das Programm ist ja die Information für die Tätigkeit, das Verhalten der Maschine. Träger dieser Information sind bekanntlich die einzelnen Schalt- und Speicherstellen.

Da Regelkreise nicht nur in technischen Apparaten, sondern in vielerlei Art auch anderweitig zu finden sind, sei auch hierzu vorerst ein einfaches Beispiel gegeben. Die gleichen Gesetzmäßigkeiten gelten nämlich auch für ein *Wirtschaftsunternehmen.* Auch dort herrscht lebendige, wechselseitige Abhängigkeit; es ist nach bestimmten Zielsetzungen und Erfordernissen ausgerichtet, im technischen Sinne somit »programmiert«.

Von den Angehörigen eines solchen Betriebes erwartet man nun, daß sie sich die Kenntnis dieser Ziele wenigstens so weit verschaffen, als es für ihre Tätigkeit erforderlich ist. Das beginnt mit der Handhabung der Werkzeuge, der

Maschinen, deren unsachgemäße Bedienung Gefahren nach sich zieht, und führt weiter zum Verständnis der Aufgaben und des Zusammenspieles der einzelnen Abteilungen des Betriebes. In dem ungeheuren Betriebe der Schöpfung wird daher von den Menschen letztlich nichts anderes verlangt als von jedem aufgeschlossenen Angehörigen eines Unternehmens.

Es muß also das dringendste Bedürfnis eines jeden Menschen sein, die lebendig wirkenden, unverrückbaren Gesetze der Schöpfung – deren Auswirkungen er in jedem Falle preisgegeben bleibt – restlos zu erkennen. Hier mag sich nun die Frage ergeben, weshalb denn der Mensch diesen so mühevollen Weg zurückzulegen hat und nicht – gleich dem Tiere mit seinem Instinkt – durch eine Art Automatik auf das »Programm« der Schöpfung eingestellt ist. In einer Zeit, in welcher die Mitbestimmung innerhalb der Betriebe auf eine immer breitere Grundlage gestellt wird, beantwortet sich eigentlich diese Frage von selbst. Denn mitbestimmen soll richtigerweise nur, wer auf

Grund seiner Kenntnis der Gesamtinteressen zu *zielbewußter* Mitwirkung fähig ist.

Der Wunsch, dahin zu gelangen, wurde dem Menschengeiste in der Schöpfung schon von Anbeginn an erfüllt; denn der Mensch ist Träger einer geistigen Art, die durch Sichselbstbewußtwerden *»zur Hebung und Weiterentwicklung der ganzen Schöpfung beitragen soll. Dazu gehört jedoch, daß er die Naturkräfte richtig verwenden lernt und zur konzentrierten Förderung benützt.«* (GB »Geist«)

Der Mensch ist also gleichsam noch Lehrling im Schöpfungsbetrieb. Wie ein solcher muß er durch das Entfalten seiner Fähigkeiten und die Einsicht in die Betriebserfordernisse zu seiner Aufgabe heranzuwachsen trachten. Durch Beobachtung, Erfahrung und Belehrung wird er sich nach und nach die nötigen Kenntnisse erwerben.

In der Schulungsreihe »Management«, die kürzlich im Österreichischen Fernsehen lief, wurde auch die Menschenführung den Gesetzen der Kybernetik unterstellt. Jeder Mensch erwartet, so wurde ausgeführt, eine Rückäußerung auf seine Leistung, sei es als Lob, sei es als Tadel. Diese Erwartung erfüllt sich in höherem Sinne auch im Regelkreise der Schöpfung. Der außerhalb seines Werkes stehende Schöpfer kann sich mit uns nicht direkt verständigen. Er spricht zu uns durch seinen Willen, der das Programm dieser Schöpfung ist. Seine Anleitungen erfolgen nach den gleichen kybernetischen Regeln, deren sich auch der Mensch in ähnlichen Fällen bedient. Ihre Auswirkungen nennen wir Schicksal.

Es ist, wie der Techniker sagen würde, »rückgeführte Information«, denn jedes Wollen, Denken oder Tun des Menschen löst in verschiedenartiger Weise Wirkungen im großen Computer der Schöpfung aus. Es wird dadurch zu einer Frage an diesen, die – je nachdem, ob es dem Programme entspricht oder nicht – Zustimmung oder Ablehnung in entsprechenden Rückwirkungen finden wird. Auf diese Art wird uns von höherer Stelle Kenntnis darüber vermittelt, ob wir recht oder unrecht gehandelt haben.

Daß der Mensch zumeist diese Rückwirkung

seines Wollens fürchten muß, hat er allein sich selbst zuzuschreiben, denn Not, Verzweiflung und sogar Untergang sind nur immer schöpfungsgesetzmäßige Wechselwirkungen falschen Tuns.

Dennoch ist die Furcht vor Vergeltung, die Religionen und Mythen durchzieht, verfehlt. Sie ängstigt den Menschen mit Strafen, die ihn im Diesseits oder Jenseits erwarten –, denn die große Einheit des Daseins beschränkt sich ja nicht nur auf dieses Erdenleben. Aber durch einen derart verzerrten Begriff von Strafe geht der Informationswert unter, den das Schicksal vor allem besitzt. In menschlicher Sicht nämlich haftet der Strafe meist etwas von Rache und Willkür an. Wie aber könnte »Strafe« sein, was uns zu unserem Besten anleiten will?

»Gott straft überhaupt nicht! ... Strafen verhängt nur der Mensch in seiner gesellschaftlichen Ordnung. Wie alles durch ihn Erdachte aber leider in falscher Weise, unvollkommen, mit noch viel unvollkommenerer Ausübung. Das Wort Strafe hat überhaupt nur der Mensch aus sich selbst heraus

erdacht in seiner beschränkten Auffassung.« (Abdru-shin »Fragenbeantwortungen«)

Erst im Lichte der Schöpfungskybernetik wird dies deutlich. Denn jeder Computer sorgt selbsttätig für die *bestmögliche* Erreichung des Zieles. Gerade darin liegt ja sein besonderer Zweck. Bei den von Menschen geschaffenen Einrichtungen aber kann es sich stets nur um kleine Teilziele handeln, die wir, fälschlich oft, für erstrebenswert halten. Bei dem größten aller denkbaren Regelkreise, der Schöpfung hingegen, sind die vom Gotteswillen vorprogrammierten Ziele allein schon auf Grund dieser Bestimmung jedes Computers zwangsläufig für jedwede Kreatur von unfehlbarer Zweckmäßigkeit. Jede Abweichung von diesem Programm kann daher nur zu unserem Nachteil sein.

Die im Ringschluß des großen Schöpfungscomputers auf uns rückgeführte Information über unser Verhalten bringt uns demnach nicht nur gerechten Ausgleich, sondern auch *liebende Unterweisung,* die uns vor Schaden bewahren soll. So wie die automatische Steuerung eines Flugzeuges dieses von seinem Kurse nicht abweichen läßt, sucht auch die Kybernetik der Schöpfung uns auf dem richtigen Weg zu halten. Verstehen wir die als Schicksal auftretende Rückwirkung so, dann ergibt sich daraus die Erkenntnis:

»*Göttliche Liebe ist untrennbar von der größten Strenge göttlicher Gerechtigkeit. Sie ist sie sogar selbst. Gerechtigkeit ist Liebe, und Liebe wiederum liegt nur in der* Gerechtigkeit.« (GB »Was trennt so viele Menschen heute von dem Licht?«)

Jeder Tadel aber kann nur dann seinen Zweck erfüllen, wenn seine Berechtigung eingesehen wird und den Wunsch erweckt, es in Zukunft besser zu machen. Auch dies wurde in der Fernsehreihe über das Management ausdrücklich betont. Warum nun sollten für die Menschenführung im Betriebe der Schöpfung andere als nur größenordnungsmäßig verschiedene Grundsätze gelten? So betrachtet enthält das einfache Berufsratespiel des Fernsehens »Was bin ich?« einen sehr lehrreichen Kern. Seine Beliebtheit mag sich unbewußt auch darauf gründen, daß es auf binarischen, der Schöpfung gemäßen Steuerungsgesetzen beruht. Denn als Antwort auf die Frage gibt es nur Ja oder Nein. Bei jedem Nein sind die Fragenden gezwungen, gedanklich bis zur letzten Übereinstimmung von Frage und Antwort zurückzugehen und die Folgerungen aus ihrem Irrweg zu ziehen.

Widersetzt sich nun ein Mitarbeiter eines Betriebes im Falle des Tadels seiner Leistung beharrlich der Einsicht, so wird dies unvermeidlich zuletzt zu seiner Entfernung aus dem Betriebe führen. Es ist dies ja die äußerste steuerungstechnische Möglichkeit, um eine in diesem Regelkreise aufgetretene, unbehebbar gewordene Störung auszuschalten. Es darf sich daher auch der Mensch nicht darüber beklagen, wenn im grundsätzlich gleichgelagerten Falle ihn dieselbe Gesetzmäßigkeit vom Verbleib in der Schöpfung ausschließt.

Dieser sich heute schon abzeichnenden Gefahr aber steht in diesem Regelkreis die *Zieler-*

reichung für den Menschengeist gegenüber. Sie liegt in der Verwertung der uns durch die Rückwirkung zukommenden Information. Deshalb sagt die Gralsbotschaft ja auch in schlichter Eindringlichkeit, daß es für uns darauf ankommt, die Schöpfung in ihren Gesetzen richtig kennenzulernen, weil darin der Weg hinauf zum Licht ruht.

Betrachten wir nochmals den Zusammenhang, wonach Geist der Wille Gottes ist und der Mensch als teilweiser Träger dieses Geistes im Sichselbstbewußtwerden die Kenntnis der Naturgesetze erlangen soll, um zur Förderung der Schöpfung beizutragen. Deutlicher konnte man es zu einer Zeit, in der die kybernetischen Gesetzmäßigkeiten noch unbekannt waren, nicht sagen, um die Stellung des Menschen im Regelkreise der Schöpfung zu beschreiben: Als ein anlagegemäßer, integrierter Schaltkreis, der sich allerdings die nötige Information selbst verschaffen, sich also gleichsam selbst programmieren muß! Erst die Erlangung dieser Information ermöglicht es dann dem winzigen Teilchen des großen Ganzen, sich dessen sinnvoller Ordnung einzufügen und – nun selbst zu einem Teil des Programmes geworden – davor bewahrt zu bleiben, diesem entgegenzuhandeln. Der sich daraus ergebende Ausschluß der Vernichtungsgefahr bedeutet zugleich das ewige Leben. Selbst dieser, bislang kaum faßbare Begriff ergibt sich aus der Kybernetik als Folgerung.

Der Schlüssel in unserer Hand

Im Jahre 1964 meinte Bronowski (nach Bertalanffy, »Aber vom Menschen wissen wir nichts«, Econ-Verlag):

»*Der Tod* Norbert Wieners *gibt eine Gelegenheit festzustellen, daß der heroische Traum* (Anm.: von der Einheit der Wissenschaft durch Kybernetik) *ausgeträumt ist. Kybernetik ist im besten Sinne eine fundamentale, wie auch populäre Idee; aber es zeigt sich, daß sie weniger umfassend und auch merkwürdigerweise weniger interessant ist, als wir es bei ihrer Aufstellung vor 20 Jahren hofften.*«

Karl Steinbuch hingegen meint:

»*Der betrüblichste Sachverhalt in unserem Wissenschaftsgebäude ist wohl die schreckliche Trennung zwischen Geisteswissenschaft und Naturwissenschaft ... Diese Trennung zu überwinden, das scheint mir eine wichtige Möglichkeit der Kybernetik zu sein.*« (Kosmos Nr. 2/1969)

Und Hans Schäfer, Heidelberg, schreibt:
»*In der Tat hat sich in der Kybernetik etwas vollkommen Neues entwickelt, eine Wissenschaft jenseits von Grundlagen und Anwendungen ... Sie zeigte, daß man Lebensprozesse einfacher beschreiben kann, wenn man die in sich geschlossene Rückführung von Wirkungen beachtet ... Alle Mechanismen, welche in Form eines Kreisvorganges bei rückgeführter Information angeordnet sind, werden in der Art ihrer Anordnung verständlicher, indem man das Zusammenspiel verschiedener Mechanismen zu einem größeren Ganzen als ein auf die Lösung bestimmter Ziele hin entworfenes Gebilde sieht.*« (Frankfurter Allgemeine Zeitung vom 7.6.1972)

Diese, hier beispielhaft wiedergegebenen, unterschiedlichen Auffassungen lassen erkennen, daß die Wissenschaft sich über den möglichen Umfang der Kybernetik keineswegs schon im klaren ist. Ihre eigentliche Bedeutung ergibt sich erst durch die Gralsbotschaft. Manche haben einst daran Anstoß genommen, daß darin immer wieder auf die »selbsttätig wirkenden Gesetze in der Schöpfung« und ihre Unerbittlichkeit hingewiesen wurde. Dieses neuartige und dadurch befremdlich erscheinende Weltbild hatte so gar nichts gemein mit der bisherigen Wunschvorstellung. Durch die Entdeckung der Steuerungstechnik und ihrer Gesetze aber wird es jetzt sichtbar: Die Gralsbotschaft gab schon seinerzeit von der Schöpfung das Bild eines Regelkreises! In unantastbarer Wahrheit zeigt es das bisher menschlich Verzerrte in seiner wahren Bedeutung und Größe. Es ist ein Bild, das heute durch die Technik verständlich und in seinen Grundgesetzen nachvollziehbar geworden ist.

Wäre zu der Zeit, als die Gralsbotschaft niedergeschrieben wurde, Kybernetik bekannt gewesen, hätte ihr Verfasser es leichter gehabt. So aber war er genötigt, sich Vergleichen aus der Mechanik wie »Räderwerk, Maschinerie, Getriebe« zu bedienen, um Vorgänge anschaulicher zu machen, die damals noch weitgehend unbekannt waren. Alles, was er zu sagen hatte, mußte er erst in eine Form pressen, die dem Auffassungsvermögen von uns Menschen angepaßt war.

Diese anpassende Umformung ist in der Regeltechnik als das »*Codierungstheorem*« bekannt. Es besagt, »... *daß man den Verlust an Information dadurch beliebig klein halten kann, daß man einen Code wählt, der einen Informationsfluß ergibt, der wesentlich geringer ist als die Kanalkapazität.*« (»Kybernetik, die uns alle angeht«, Bertelsmann Lexikon-Verlag)

Die »Kanalkapazität« des Menschengeistes, sein Aufnahmevermögen, könnte durch die Entdeckung der Kybernetik eine Erweiterung erfahren, die auch über das irdische Blickfeld hinausreicht. Denn mit ihr ist uns ein Schlüssel in die Hand gegeben zum Verständnis wesentlicher Vorgänge in der Schöpfung und zur Erkenntnis der Bedeutung der Gralsbotschaft. Er erscheint geeignet, die großen Daseinsfragen der Menschheit aus der erdrückenden Umklammerung von Zweifel und blindem Glauben zu lösen, in welche Philosophie und Religion sie brachten. Denn:

»Es ist die Zeit, daß nun die Menschen zu dem Wissen *davon kommen müssen, um mit voller Überzeugung zur Erkenntnis von dem* Wirken Gottes *zu gelangen, das in seinem* Werk *zum Ausdruck kommt!«* (GB »Kult«)

DAS UNBEGREIFLICHE – HIER WIRD'S EREIGNIS

Was uns die »Schwarzen Löcher« sagen

»*Ewig und ohne Ende, also unendlich, ist nur der Kreislauf der Schöpfung in dem dauernden Werden, Vergehen und sich wieder Neubilden. In diesem Geschehen erfüllen sich auch alle Offenbarungen und Verheißungen. Zuletzt wird sich darin für die Erde auch das ›Jüngste Gericht‹ erfüllen!*«

Abd-ru-shin

Das »Jüngste Gericht«

Der Begriff eines »jüngsten« – das heißt: letzten – Gerichtes ist in dieser oder jener Gestalt in vielen Glaubenslehren zu finden. In den christlichen Bekenntnissen verbindet sich damit die Vorstellung von Posaunenschall und der Auferstehung der Toten aus ihren Gräbern. Wieder einmal hat sich der Mensch damit ein falsches Bild gemacht von Hinweisen, die ihm zum Verständnis seines Weges durch die Schöpfung gegeben wurden. Die Gralsbotschaft »Im Lichte der Wahrheit« hat diese teils naiven, teils phantasievollen Deutungsversuche, die einen wundersamen Willkürakt des Schöpfers erwarten, durch eine klare Schilderung der Geschehen ersetzt. Demnach ist auch das »Jüngste Gericht« ein in den Schöpfungsgesetzen begründeter *ganz natürlicher* Vorgang.

Denn die stoffliche Welt, die uns umgibt, ist nicht ewig; sie hat Anfang und Ende. So wie die einzelne Form sich bildet und wieder zerfällt, ergeht es – in einem viel größeren Kreislauf – dem Stoffe als solchem. Auch er bedarf der Erneuerung durch Verwandlung, die ihn reinigt und erfrischt zu neuem Beginn. In diese stoffliche Welt ist nun der Menschengeist als ein geistiges Samenkorn eingepflanzt. Gleich einem solchen bedarf er der Reifung durch die fördernden Einwirkungen der Umwelt. Ehe der Stoff aber seinem scheinbaren Ende zutreibt, muß sich der geistige Same darin bis zu jener Stufe entwickelt haben, die es ihm – ähnlich der Frucht vom Stamme – ermöglicht, sich wieder davon zu lösen. Andernfalls wird er mit in jenen Vorgang hineingezogen, den die Gralsbotschaft die »Zersetzung des Stoffes« nennt.

Die volle Größe dieses Geschehens entzieht sich aller menschlichen Vorstellungskraft. Allein schon der Begriff der »Zersetzung« ist der Erfahrung unzugänglich, vermögen wir doch nur zwischen Anfang und Ende des Stoffes darin ein bewußtes Leben zu führen. Zersetzung ist ja nicht etwa Verwesung. Diese beendet den kleinen Kreislauf der Form, jene den großen des Stoffes. Zersetzung führt zurück in den *Urzustand*, jenseits materieller Beschaffenheit. Nun wissen wir, daß sich Materie wieder in Strahlung verwandeln kann, aus der sie hervorgegangen ist, doch ist es dabei ihr *Leichterwerden*, das eine Verflüchtigung bewirkt. Zersetzung hingegen ist – wie die Gralsbotschaft ausführt – eine Folge *überschwerer Verdichtung* des Stoffes. Sie muß also gerade in der entgegengesetzten Richtung zu suchen sein.

Vor rund einem Jahrzehnt begann man damit, den bislang nur mit optischen Geräten beobachteten Himmel auch mit Radioteleskopen zu durchforschen. Sie sind imstande, Wellen auch außerhalb jener des sichtbaren Lichtes aufzunehmen. Dabei machte man eine Vielzahl umstürzender Entdeckungen: In den unseren Blicken verschlossenen Fernen des Alls gibt es Gestirne, deren Zustand und Verhalten ohne bisher bekanntes Beispiel sind.

So ist in einschlägigen Betrachtungen jetzt

nicht nur die Rede von »weißen Zwergen«, »roten Riesen« und »Supernovae«, sondern auch von Quasaren, Pulsaren und Neutronensternen. Auf die Lebensgeschichte der Sterne, die sich darin abzuzeichnen scheint, soll hier nicht näher eingegangen werden, zumal die Wissenschaft in bezug auf die Abfolge der Entwicklungsphasen über Vermutungen kaum hinausgelangt ist. Uns interessiert hier nur der *letzte* Abschnitt dieses Geschehens. Denn was sich in den galaktischen Weiten ergibt, mutet an wie ein Zaubertrick: Ein Stern verschwindet aus dieser Welt! Die Umstände aber, unter denen sich dies vollzieht, zeigen eine bemerkenswerte Übereinstimmung mit den Schilderungen der Gralsbotschaft von der »Zersetzung des Stoffes« und dem »Jüngsten Gericht«.

Die »Entartung« des Stoffes

Im folgenden werde ich weitgehend Fachleuten das Wort überlassen. Ich beschränke mich darauf, ihre Darlegungen gelegentlich mit eigenen Worten zusammenfassend wiederzugeben und die Verbindung zur Gralsbotschaft vorzunehmen. Die Gegenüberstellung spricht, so meine ich, deutlich genug.

Schon die erste wissenschaftliche Bezeichnung dieser Objekte als »quasistellare Radioquellen« – wovon die Kurzform »Quasars« herrührt – läßt erkennen, daß nur noch entfernte Ähnlichkeit mit Sternen im bisher bekannten Sinne besteht.

Gustav Andreas Tamann, Mitarbeiter der Laboratorien auf Mount Wilson und Mount Palomar, bezeichnete in »Bild der Wissenschaft«, Nr. 3/1965 (Deutsche Verlags-Anstalt), die Quasars als »... *die rätselhaftesten und revolutionierendsten Objekte, die das physikalische Weltbild der letzten Jahre am meisten erschüttert haben*«, und noch in Heft Nr.11/1970 der gleichen Zeitschrift erklärt Felix Jurewitsch Zigel, Kosmobiologe des Luftfahrtinstitutes Moskau: »*Wir sind noch weit davon entfernt, das Phänomen der Quasars auch nur teilweise zu begreifen.*«

Das Rätsel dieser Weltenkörper besteht zunächst in ihrer ungeheuren Massendichte.

Ihre Materie ist so kompakt zusammengedrängt, daß – so der wissenschaftliche Autor Hoimar von Ditfurth in »Kinder des Weltalls« (Verlag Hoffmann und Campe, Hamburg) – *»... ein Stück von der Größe einer Streichholzschachtel, würde es auf der Erdoberfläche deponiert, sofort die ganze Erdkruste durchbräche und von dort aus fast ungebremst in die Tiefe des Erdinneren weiter abstürzen und erst im Erdmittelpunkt zur Ruhe kommen würde.«*

Die hier in Betracht kommenden Werte sind also für uns schlechthin unvorstellbar. Die Wissenschaftler sprechen daher in diesem Zusammenhange sowohl von »überdichter« wie auch von *»entarteter Materie«* (Volker Weidemann, Ordinarius der Universität Kiel in »Bild der Wissenschaft«, Nr.7/1971).

Schon vor rund vierzig Jahren aber wurde in der Gralsbotschaft gesagt, daß es in der Grobstofflichkeit Abstufungen gibt, die weit schwerer und viel dichter sind als die Erde, und daß es schließlich die »Überreife« des Stoffes ist, die zu seiner Zersetzung führt (siehe Vorträge »Das Wesenhafte« und »Ich bin die Auferstehung und das Leben, niemand kommt zum Vater denn durch mich!«)

Die Bezeichnungen »überdichte, entartete Materie« und »Überreife des Stoffes« entstammen also ganz verschiedenen Quellen. Dennoch besteht zwischen ihnen eine bemerkenswerte begriffliche Ähnlichkeit: Beide meinen sie einen Zustand, der schon jenseits einer Normschwelle liegt. Wissenschaft und Gralsbotschaft haben also bei den folgenden Betrachtungen eine im wesentlichen gleiche stoffliche Beschaffenheit im Sinn.

Der Menschengeist und der Stoff

In der Gralsbotschaft ist zu lesen:

»*Solange der Menschengeist sich nun in der Stofflichkeit befindet, macht er mit dieser einen Teil des ewigen großen Kreislaufes mit, natürlich ohne es selbst zu bemerken. Und so kommt er eines Tages endlich auch mit an jene Grenze, wo der Weltenteil, in dem er sich befindet, langsam der Zersetzung entgegentreibt.«* (GB »Ich bin die Auferstehung und das Leben, niemand kommt zum Vater denn durch mich!«)

Das Schicksal des Menschengeistes ist also auf einem Teil seines Weges mit jenem des Stoffes verknüpft. Nun umfaßt die Gesamtheit stofflicher Welten nach den Worten der Gralsbotschaft nicht nur die uns sichtbare Grobstofflichkeit, sondern auch die ganz anders beschaffene Feinstofflichkeit. Der ersteren entstammt unser Erdenkörper, der letzteren hingegen der Seelenkörper, der nach dem Ablegen der irdischen Hülle dem Geiste als dessen Umkleidung verbleibt. Die Wissenschaft vermag nur das Grobstoffliche zu betrachten, die Gralsbotschaft aber schildert das grob- und *feinstoffliche* Geschehen, vor allem aber dessen Auswirkung auf den noch stofflich umhüllten Geist. Ihre Aussagen gehen viel weiter. Diesen Unterschied gilt es zum Verständnis des Folgenden zu beachten.

Der zu behandelnde Gegenstand bringt es freilich mit sich, daß der beglückende, lichtwärts weisende Weg, den die Gralsbotschaft durch die Kenntnis der Schöpfungsgesetze eröffnet, hier kaum Erwähnung finden kann. Deshalb sei betont: Es ist nicht ihr Sinn, mit »ewiger Verdammnis« zu drohen, einem Begriff, an dem auffallend viele Menschen sich stoßen. Sie wollen von solchen Schrecknissen nichts hören, obwohl – oder vielleicht gerade weil – es nur an ihnen liegt, sie zu vermeiden. Anstatt die ihnen damit überlassene Verantwortung freudig zu tragen, belügen sie sich selbst mit der Wunschvorstellung von einem alles verzeihenden Gott, dessen »Liebe« dergleichen nicht zulassen könne. Sie übersehen, daß diese Liebe schon darin besteht, ihnen durch wiederholte Leben im Stoffe Gelegenheit zum Reifen und zur Wiedergutmachung begangener Fehler zu geben. Nachsicht ohne Ende aber würde jeder Entwicklung entgegenstehen. Wer sie erwartet, gibt damit zu erkennen, daß es ihm an dem Willen zur Erreichung des Zieles gebricht.

Die Gesetze Gottes, die seinen Willen tragen und die in Gestalt der Naturgesetze in einem

Teilbereich sichtbar werden, müssen sich auf Grund ihrer Vollkommenheit unabdingbar erfüllen.

Der Menschengeist, dem freier Wille untrennbar arteigen ist, führt nun durch seine Entschlüsse, sei es zum Guten, sei es zum Bösen, gesetzmäßige Auswirkungen herbei. Wer also erschrickt vor dem Grauen, das diese Gesetze unerbittlich jenem bereiten müssen, der sich ihnen beharrlich entgegenstellt und sich damit unwert erwies, ein bewußtes Leben in dieser Schöpfung führen zu dürfen, bedenke, daß dies nicht in der Absicht des Schöpfers liegt. Nur sein gewolltes, fortdauernd lichtabgewandtes Verhalten vermag den Menschengeist dahin zu bringen, wohin er bei Einhaltung des für ihn vorgesehenen Weges niemals würde gelangen können. Nur dadurch aber kann es geschehen, daß er, unbrauchbar geworden, an sich die Zersetzung erleiden muß. Denn:

»Je nach dem geistigen Zustande des Menschen in der grobstofflichen wie auch in der feinstofflichen

Welt muß sich der geistige Mensch, das eigentliche »Ich«, entweder nach oben zu bewegen oder an die Stofflichkeit gekettet bleiben.

Der ernste Drang nach Wahrheit und Licht wird jeden durch seine damit verbundene Veränderung geistig reiner und damit lichter machen, so daß dieser Umstand ihn naturgemäß von der dichten Stofflichkeit mehr und mehr lockern und seiner Reinheit und Leichtigkeit entsprechend in die Höhe treiben muß.

Der aber nur an die Stofflichkeit Glaubende hält sich selbst durch seine Überzeugung an die Stofflichkeit gebunden und bleibt daran gekettet, wodurch er nicht aufwärts getrieben werden kann.

Durch selbstgewollten Entschluß jedes einzelnen erfolgt deshalb eine Scheidung zwischen den nach dem Lichte Strebenden und den dem Dunkel Verbundenen, nach den bestehenden natürlichen Gesetzen der geistigen Schwere.« (GB »Die Welt«)

Dies vorausgeschickt, wenden wir uns wieder den »quasistellaren Radioquellen« zu. Sie sind – so Gustav A. Tamann – »... *die hellsten Objekte im Universum und strahlen trotz ihrer geringen*

Größe hundertmal mehr Licht aus als ein helles Milchstraßensystem.«
Im Hinblick auf das Kommende mutet dies an, als wolle das Licht noch beizeiten dem überschwer gewordenen »entarteten« Gestirne entweichen. Lichtaustritt ist ja Loslösung einer an die Materie gebunden gewesenen Energie. Energie aber ist, wie Abd-ru-shin aufgezeigt hat, zwar von weit schwächerer Abstufung als der Menschengeist, aber dennoch auch von *geistiger* Grundart (siehe »Fragenbeantwortungen«). Geistiges also ist es, das hier in Menge den sterbenden Weltenkörper verläßt:

»Dann aber ist es für alle noch in *der Stofflichkeit befindlichen Menschengeister hohe Zeit, sich zu beeilen,* so *zu werden, daß sie emporsteigen können nach dem sicheren, lichten Hafen des ewigen Reiches, also den rechten und vor allen Dingen auch kürzesten Weg zu finden, um aus dem Bereiche der einsetzenden Gefahren in der Stofflichkeit herauszukommen, bevor diese ihn mit ergreifen können.«* (GB »Ich bin die Auferstehung...«)

Welcher Art sind nun die Gefahren, die schließlich in der Stofflichkeit drohen? Die Gralsbotschaft sagt:

»*Das Gleichgewichtsgesetz... hält und läßt bestehen auch die ganze Welt; denn nur im Gleichgewichtsausgleiche können Sterne, können Welten ihre Bahnen ziehen und sich halten!*« (GB »Das Kind«)

Zur gleichen Erkenntnis ist auch der Wissenschaftler Felix J. Zigel gelangt:

»*Schließlich muß jeder Stern als eine Art Gleichgewichtssystem betrachtet werden, das nur so lange existieren kann, so lange sich die Schwerkraft und der Druck der inneren atomaren Reaktionen die Waage halten: Sucht die Schwerkraft den Stern zu komprimieren, ist die gewaltige Gasspannung aus seinem Inneren bestrebt, ihn auseinanderzureißen.*«

Hier wird die Ähnlichkeit stofflicher und seelisch-geistiger Vorgänge deutlich: Auch der

Mensch bedarf des seelischen Gleichgewichts. Wenn Beschwernisse ihn bedrücken, so kann dies zum Zusammenbruch führen. Andererseits aber könnte er manchmal vor Seligkeit – oder Wut – »zerspringen«, weil der Innendruck einfach zu stark geworden ist. Es ist daher wohl berechtigt, Parallelen zu ziehen.

Verdichtet sich der Stoff nun immer mehr, so erhöht sich zugleich seine Schwerkraft, während die atomare Eigenbewegung ihr schließlich nicht mehr standhalten kann. Der Gleichgewichtszustand wird also gestört, was nur bis zu einer bestimmten Grenze noch tragbar ist. Von einer solchen Grenze war auch in dem Beginn des Abschnittes »Der Menschengeist und der Stoff« angeführten Zitat aus der Gralsbotschaft die Rede.

»Der Zusammenbruch«

Selbst die Fachgelehrten haben Scheu, die folgenden Vorgänge zu schildern. So schickt Felix Jurewitsch Zigel seinen Ausführungen voraus:

»Wenn wir nun den Versuch machen, den Quasar zu erklären, so haben wir Angst, daß das mit einer Science-Fiction-Story verwechselt werden könnte.«
Erst nach dieser Einleitung setzt er fort:

»Die Wissenschaftler kamen zu der Erkenntnis, daß bei äußerst großen Massen die Schwerkraft so groß wird, daß sie durch keinen Strahlungsdruck mehr zu sprengen ist. Sie bestimmt dann allein das Schicksal eines solchen Himmelskörpers. Unter ihrer Einwirkung erlebt der Stern einen ›Gravitationskollaps‹, der ihn wie ein Kartenhaus ›in sich selbst zusammenfallen‹ läßt und zu einer Dichte von etwa 10^{30} Gramm pro Kubikzentimeter zusammengepackt, einer wahrhaft unglaublichen Verdichtung, die man nur begreifen kann, wenn man weiß, daß die ganze Erde nur $5,87 \times 10^{27}$ Gramm auf die Waage bringt.«

Hoimar von Ditfurth beschreibt in »Kinder des Weltalls« dieses Geschehen wie folgt:

»Die Vorgänge, die sich abspielen, sobald die Masse eines Sternes diese ominöse ... Grenze überschrei-

tet, lesen sich geradezu phantastisch: Sie sind heute aber längst nicht mehr bloße Theorie. Die Berechnungen ... zeigen, daß die Masse eines solchen Sternes so groß ist, daß seine eigene innere Anziehungskraft ausreicht, um die atomare Struktur der Materie zu zerstören...
Dies ist der Augenblick des sogenannten Gravitationskollapses: Innerhalb von etwa einer Sekunde bricht der ganze, noch immer reichlich planetengroße Stern auf ein Volumen von nur noch zehn bis zwanzig Kilometern Durchmesser zusammen.«

Wissenschaftler haben errechnet, daß die kritische Grenze, auf welche der Zusammenbruch folgt, bei 1,44 Sonnenmassen liegt. Nun ist unsere Sonne gewiß nicht das Maß aller kosmischen Prozesse. Dennoch scheint hinter diesem Verhältnis eine Gesetzlichkeit zu walten, die einer kurzen Betrachtung wert ist. Denn 1,44 ist 1,2 mal 1,2, also die hundertfache Verkleinerung von zwölf mal zwölf. Wir begegnen der Zahl Zwölf nun gerade dort, wo es sich um ganzheitliche Ordnungen handelt: zwölf Zeichen umfaßt der Tierkreis, auf der

Zwölf beruht unsere Zeiteinteilung. Mit zwölf Aposteln umgab sich Jesus; in der Offenbarung des Johannes wird die Zahl der Versiegelten mit zwölf mal zwölftausend genannt (Kap.7, Vers 4-8); bei der Beschreibung des »himmlischen Jerusalem« (Kap.21, Vers 10-21) kehrt die Zwölf immer wieder, und »seine Mauern messen einhundertvierundvierzig Ellen«.

In der Gralsbotschaft ist davon die Rede, daß es - mit allen Abstufungen - zwölf Temperamente gibt (siehe »Das Temperament«), zwölf »Meridiane« durchziehen den menschlichen Körper (darauf beruht die Akupunktur). Diese wenigen Hinweise mögen zeigen, daß es sich bei der Zwölf, und erst recht bei ihrem Quadrat, demnach um eine Begrenzung handelt, ein in sich geschlossenes, unübersteigbares Maß der Ganzheit. Auf diesem alten Wissen beruht wohl auch die eingewurzelte Scheu vor der Dreizehn. Der Zwölf mal Zwölf hier nun tatsächlich als einem astrophysikalischen, »wissenschaftlich« festgestellten Grenzwert zu begegnen, gestattet nicht nur einen Ausblick in die Gesetzlichkeit aller Schöpfung, sondern rückt auch die zitierten Stellen der Schrift aus dem Symbolischen in eine denkmöglich echte Deutung.

Auch die Beziehung zur Dreizehn verliert den Anschein des Aberglaubens, wenn sie in kosmischen Verhältnissen ruht. Denn mit der Überschreitung der Zwölf mal Zwölf – und sei es auch nur in ihrem verkleinerten Abbild – beginnt tatsächlich die Katastrophe: im Gravitationskollaps, physikalisch als »Implosion« bezeichnet, stürzt die überdichte Materie in sich zusammen. Damit ereignet sich im Stoffe, was die Gralsbotschaft in weiterreichender Bedeutung sagt: Das Falsche bricht in sich selbst zusammen und zerfällt.

Wie die Wissenschaft ausführt, spielt dieser Zusammenbruch sich »innerhalb einer Sekunde«, also von einem Augenblick zum anderen ab. Wird davon auch der im Grob- oder Feinstofflichen weilende Mensch berührt, wie dies die Gralsbotschaft schildert, so wird verständlich, daß es dort heißt: »*Ihr seid gerichtet, noch bevor Ihr ein Wort der Entschuldigung zu*

stammeln fähig werdet...« (GB »Das Buch des Lebens«)
Denn was sich beim Gravitationskollaps abspielt, erscheint tatsächlich wie eine endgültige Trennung. Lesen wir darüber bei Hoimar von Ditfurth (s. vor):

»Dabei wird rund ein Zehntel der gesamten Masse des zusammenbrechenden Sternes in einem gewaltigen atomaren Explosionsblitz mit einer Geschwindigkeit bis zu zehntausend Kilometern in der Sekunde in den Weltraum geschleudert.
Das ist der Mechanismus, der einen Fixstern explodieren läßt und damit zum Aufleuchten eines scheinbar ganz neuen Sternes, einer Super-Nova führt, die einige Wochen so hell strahlen kann, wie zweihundert Millionen Sonnen.
Was bei der Katastrophe einer Super-Nova-Explosion übrigbleibt, ist ein Stern, dessen Masse noch immer etwa so groß ist, wie unsere Sonne, die aber jetzt zusammengepreßt ist auf das Volumen einer Kugel mit einem Durchmesser von nur noch zehn bis zwanzig Kilometer.«

Die Trennung vom Licht

Das Weitere klingt so ungeheuerlich, daß ich hierzu *mehrere* Wissenschaftler zitieren möchte. Gerade an diesem so bedeutsamen Punkte soll nicht der Eindruck entstehen, als handle es sich nur um Vermutungen eines phantasievollen Außenseiters.

Hoimar von Ditfurth setzt fort: »*Die Anziehungskraft der auf einen vergleichsweise so winzigen Raum zusammengeballten Sonnenmassen ist so ungeheuer groß, daß es selbst den Photonen des Lichtes nicht mehr möglich ist, das Schwerefeld eines solchen Himmelskörpers noch zu verlassen.*«

J. Brian Dance von der Universität Birmingham schreibt in »Bild der Wissenschaft«, Nr. 11/1970: »*Wenn ... ein Stern unter der Wirkung seines eigenen Gravitationsfeldes in sich zusammenfällt, kann die gewaltige Gravitation an seiner Oberfläche sogar das Licht zurückhalten, das er bislang aussendete. Es vermögen also nicht einmal mehr die Lichtquanten gegen sein Schwerefeld anzulaufen. Damit wird der Stern unsichtbar, zu* einem ›schwarzen Loch‹. Da weder Licht noch Materie aus den ›schwarzen Löchern‹ entweichen kann, sind sie nur durch ihre Gravitationswirkung nachzuweisen.«

Bei Felix Jurewitsch Zigel (a.a.O.) liest sich das so: »*Der Stern versinkt dann gleichsam in einem Gravitationsgrab der Unsichtbarkeit. Nur seine Masse, die sich durch die Schwerkraftwirkung offenbart, gibt noch Lebenszeichen.*«

Und Volker Weidemann schreibt (a.a.O.): »*Es entsteht ein schwarzes Loch, in das der sterbende Stern für immer eingeschlossen wird...*

Der Stern im schwarzen Loch verfügt über eine so gewaltige Oberflächenschwerkraft, daß keinerlei elektromagnetische Strahlung ihn mehr verlassen kann.

Die Verbindung zwischen dem zusammenbrechenden Objekt und der Außenwelt ist damit unmöglich geworden...«

Kehren wir noch einmal zurück zu dem Beginn dieses kaum vorstellbaren Geschehens und fassen wir es mit einfachen Worten zusammen: Während der über den Grenzwert verdichtete Stern in sich zusammenbricht, schleudert er noch einen kleinen Teil seiner Masse aus und in einem letzten, gigantischen Aufleuchten, wissenschaftlich als Super-Nova-Ausbruch bezeichnet, verläßt, was noch kann an Licht das Gestirn, ehe über dem verbleibenden Rest das Dunkel für immer zusammenschlägt.

Es ist dies also – rein astrophysikalisch – eine endgültige Scheidung von Licht und Dunkel. Genau das aber sagt die Gralsbotschaft über das »Jüngste Gericht«: »*Dann ist die Spaltung zwischen Licht und Dunkel endgültig vollbracht und das Gericht erfüllt.*«

Dieses grobstoffliche Geschehen aber bedeutet auch für den noch im Stoffe befindlichen Menschengeist

»*... eine letzte Entscheidung! Die Menschen in beiden Welten* (Anm.: der Grob- und Feinstofflichkeit) *sind entweder so weit veredelt, daß sie emporgehoben werden können zu den Gebieten des Lichtes, oder sie bleiben in ihrer niederen Art nach eigenem Wollen gebunden und werden dadurch zu-*

letzt hinabgestürzt in die ›ewige Verdammnis‹, das heißt, sie werden mit der Stofflichkeit, von der sie nicht los können, der Zersetzung entgegengerissen...« (GB »Die Welt«)

Der mit der Gralsbotschaft weniger Vertraute mag hier einwenden, daß ja auch die Inkarnation in den Erdenkörper eine Bindung des Geistes an den Stoff darstellt. Dies geschieht aber nur für begrenzte Zeit und zu dem vorgesehenen Zweck der Reifung. Das Verhaftetbleiben mit dem vergehenden Stoff ergibt sich hingegen als Folge einer zu beendenden Fehlentwicklung.

Die Astrophysik steht jetzt vor dem bisher Unvorstellbaren: Es sieht aus, als würde das Licht an den Stoff gefesselt durch dessen übergroß gewordene Schwere. Dem Lichte würde demnach widerfahren, was die Gralsbotschaft in bezug auf den Geist beschreibt: Während der eine Teil strahlend entweicht, bleibt der andere im Stoff gebunden.

Dabei erscheint es bezeichnend, daß das abgestrahlte Licht den noch – relativ lockeren – äußeren Schichten entstammt, während im Inneren des kollabierten Sternes das »schwarze Loch« sich immer mehr ausdehnt. Von einer solchen *Lockerung* spricht auch die Gralsbotschaft.

Aber nicht nur das *Entweichen* des Lichtes ist schließlich aus dem »schwarzen Loch« nicht mehr möglich, der ungeheuere Sog seiner Schwerkraft *verschluckt* auch das ihm zu nahe kommende Licht.

Jakow Seldowitsch, Astrophysiker der Akademie der Wissenschaften der UdSSR, schreibt darüber im »Bild der Wissenschaft«, Nr. 3/1974: *»Der Name selbst – schwarzes Loch – bedeutet, daß ein Lichtstrahl oder ein Teilchen, also alles, was sich der Oberfläche des schwarzen Loches nähert, unwiderstehlich durch die Schwerkraft angezogen wird und im Loch verschwindet.«*

Auch das innere Licht des Menschen, sein Geist, ist in gleicher Weise bedroht (GB »Das Geheimnis Luzifer«):

»Läßt er sich abtreiben, dem Dunkel zu, so läuft er Gefahr, über den äußersten Kreis seines normalen

Laufes nach der Tiefe zu hinausgezogen zu werden und sich dann nicht mehr zurückzufinden zum Aufstiege... und wird deshalb in dem gewaltigen Kreislaufe der stofflichen Schöpfung dauernd mit fortgezogen bis zuletzt mit in die Zersetzung hinein...«

Die Gralsbotschaft spricht im Vortrag »Erstarrung« auch von der »Schwere des Dunkels«. Tatsächlich zeigen die Vorgänge in den zusammengebrochenen Sternen, daß übergroße Schwere Dunkel bewirkt, ja, die enge Zusammengehörigkeit dieser beiden Begriffe erweist sich in den kosmischen Weiten sogar bis zur letzten Endgültigkeit.

Der englische Astronom Sir Fred Hoyle umreißt dies dahin, daß *»ein derartiger Weltenkörper sich durch seine eigene gewaltige Schwerkraft gewissermaßen aus dem Universum ausgeschlossen habe«*. (zitiert nach Hoimar von Ditfurth in »Kinder des Weltalls«).

Macht dies nicht verständlich, weshalb Abd-ru-shin den Unbelehrbaren zugerufen hat:

»Sinkt hinab in jenes todbringende Grauen, das Ihr Euch bereitet habt in hartnäckigstem Streben!...
In unentrinnbarer Umklammerung sollt Ihr darin gebunden sein...« (GB »Ein notwendiges Wort«)

Es war dies keine schreckliche Drohung, sondern eine aufrüttelnde Warnung vor dem Unentrinnbaren, dem sie bei Fortsetzung ihres Weges zutreiben müssen.

So lesen wir bei John Taylor in dessen eben erschienenen Buch »Die schwarzen Sonnen« (Scherz-Verlag), das sich mit den schwarzen Löchern befaßt: *»Befindet der Mensch sich erst einmal im Innern dieses fürchterlichen Gebildes, dann gibt es für ihn keine Möglichkeit, es je wieder zu verlassen, ganz gleich, wie sehr er sich auch bemüht.«*

Die Unterschiedslosigkeit

Was geschieht nach der endgültigen Trennung vom Licht nun weiter in dem seinem Ende entgegentreibenden Stoff? Die Gralsbotschaft spricht von der Zersetzung, in der alles Stoffliche die Form verliert, wobei es hinsichtlich der an den Stoff gebunden gebliebenen Menschengeister heißt:

»Das Schicksal solcher ist dann so, daß ihr feinstofflicher Leib den nun einsetzenden Veränderungen in der Stofflichkeit unterworfen bleibt und darin unter tausendjähriger schmerzhaftester Zersetzung leiden muß. Die Größe solcher Qual greift zuletzt auf den Menschengeist derart über, daß dieser das Sichbewußtsein verliert. Damit zerfällt auch wieder die in dem Bewußtsein gewonnene Form des Ebenbildes Gottes, die Menschenform.« (GB »Ich bin die Auferstehung und das Leben...«)
und:

»Die Zersetzung löst dann seine in dem Laufe durch die Schöpfung gewonnene geistige Persönlichkeit als solche mit auf, so daß er den geistigen Tod erleidet und in geistigen Ursamen zerstäubt wird.« (GB »Das Geheimnis Luzifer«)

Computer haben rechnerisch weitergeführt, was sich in der – in Dunkelheit versunkenen – Sternmasse abspielt. Hoimar von Ditfurth berichtet darüber: »*Dabei wird schließlich ein Punkt erreicht, an dem nicht nur die Elektronenschalen aller Atome zusammenbrechen – (dies geschah schon im Zuge der Überdichtung) –, sondern sogar das aus Elementarteilchen gebaute Gerüst des Atomkernes selbst.*«

Williard Frank Libby, Nobelpreisträger für Chemie, sagt in »Bild der Wissenschaft« Nr.10/1971: »*Durch die gewaltige Schrumpfung des Sternvolumens werden die Elektronen und Protonen seiner Materie gezwungen, sich in Neutronen umzuwandeln. Alle chemische Vielfalt hört damit auf.*«

und:

»*Damit ist durch den extremen Druck aus den verschiedensten Elementen eine einheitliche Materie ›Neutronium‹ entstanden, in deren Gleichförmigkeit alle chemische Vielfalt unserer eigenen Welt versunken ist.*«

Vergleichen wir die Darstellungen von hier und dort: In der Gralsbotschaft ist davon die Rede, daß »alles Stoffliche seine Form verliert«. Genau das geschieht durch die gänzliche Zerstörung des atomaren Aufbaus.

Hinsichtlich des Menschen heißt es in der Gralsbotschaft, die Zersetzung erfasse zunächst »den feinstofflichen Leib«, also die nach dem Ablegen des Erdenkörpers verbliebene Hülle und erst in weiterer Folge den Geist, den Kern. Auch im Stoff zerbricht zunächst die aus den Elektronenschalen gebildete Hülle und später erst der Atomkern selbst.

Die Gralsbotschaft spricht schließlich von der »Auflösung des persönlichen Ich«. Im Stoffe vollzieht sich, wie man jetzt festgestellt hat, im wesentlichen der gleiche Vorgang. Auch er erleidet – in seiner Art – eine völlige »Entpersönlichung«. Es gibt zuletzt nicht mehr verschiedene Elemente, nicht einmal mehr positiv oder negativ geladene Teilchen, sondern nur eine unterschiedslose Masse ohne jedwede Differenzierung. Auch der Stoff wird also aller

Eigenarten entkleidet und in einen Urzustand zurückversetzt.

Dieser Abschnitt des Geschehens will mir der ergreifendste erscheinen. Denn die Vielfalt der Elemente beruht ja auf der unterschiedlichen Anzahl ihrer Elementarteilchen, die das Atomgewicht, also die Schwere, bedingen. Zugleich mit dieser *senkrechten* Reihung verläuft aber – gleich einer *waagerechten* Achse – durch die Bausteine der stofflichen Welt die Aufspaltung durch positive oder negative elektrische Ladung. In dieser zweifachen Aufgliederung des Stoffes nach der Vertikalen und Horizontalen zeigt sich ein Kreuz, das die ganze stoffliche Fülle umfaßt, ja, aus dem sie überhaupt erst hervorgeht. So wird denn auch das Sterben des Stoffes zu einem Bild von erschütternder Größe: Denn mit dem Verlust seiner Gliederung erlischt ja dieses ihm eingeschriebene Kreuz. Jetzt, nach dem Entzug des Lichtes, dessen Reste vom Dunkel verschlungen wurden, spannen seine Arme sich nicht mehr aus; es fällt gleichsam nach der Mitte zusammen. Das Kreuz zeigt sich damit in seiner wahren Bedeutung: als Ausdruck der bewegenden, formenbildenden Kraft! Mit seinem Zusammenbruch, seinem Entschwinden, endet auch die uns vertraute stoffliche Welt.

»Zerrissen und zermahlen...«

Verweilen wir noch bei der Art und Weise, in welcher die Auflösung des aus dem geistigen Samenkorn falsch entwickelten persönlichen »Ich« erfolgt. Sie wird in dem vorhin zitierten Abschnitt der Gralsbotschaft mit »zerrissen«, an anderer Stelle (»Die Welt«) mit »zermahlen« beschrieben. Es kann demnach nicht nur der Druck der Schwerkraft sein, der dies bewirkt; es muß noch eine von außen kommende Bewegung hinzutreten. Nun befinden sich die von Dunkelheit umschlossenen Sterngebilde nach den Feststellungen der Astrophysik tatsächlich in *»unvorstellbar schneller Rotation«* (Willard Frank Libby, in »Akut«, Nr.2/1971). Während also die innere Bewegung der Atome in der überdichten Materie immer mehr abnimmt und schließlich im Zerfall ihres Aufbaus überhaupt zum Erliegen kommt, steigert sich die äußere zum rasenden Wirbel. Es ist dies die schöpfungsgesetzliche Folge des durch einseitige Verschiebung verletzten Gesetzes des Ausgleichs, dem Herausfallen aus dem Gleichgewicht.

Daß sich auch nach der Gralsbotschaft der in Zersetzung befindliche Weltenkörper in schneller Drehung befinden muß, läßt sich daraus erschließen, daß darin von der *Saugkraft* des Strudels der Zersetzung gesprochen wird. Die Wissenschaft liefert jetzt die Bestätigung dessen: »*Das schwarze Loch kann also auch weiterhin Materie und Licht aus dem All an sich reißen und in sich aufsaugen*«, schreibt Volker Weidemann.

So wie sich nun der Sog strudelnden Wassers zu einem Trichter öffnet, scheint dies auch bei den schwarzen Löchern der Fall zu sein. Die Gralsbotschaft spricht ja auch im Zusammenhange mit der Zersetzung von einem »Trichter«. Dieser Hinweis gewinnt hier Bedeutung über die bloße Bildhaftigkeit hinaus. Denn die schnelle Drehung der Sternenmasse ähnelt in ihrer Art der Bewegung des Mahlgutes, wie wir es im kleinen etwa in dem Trichter einer alten Kaffeemühle beobachten können: Es wird hinunter ins Mahlwerk gezogen und durch dessen Drehung zerrissen, zermahlen...

Das Zeiterlebnis

Die Wissenschaft hat sich mit diesem Geschehen auch unter dem Gesichtspunkte der Relativitätstheorie befaßt. Unter der Annahme eines »Beobachters«, der sich innerhalb beziehungsweise außerhalb dieses Prozesses befände, gelangt Felix Jurewitsch Zigel (a.a.O.) zu folgendem Ergebnis: »*Interessant ist auch, daß bevor der innere Beobachter für den äußeren unsichtbar wird, vor dem inneren in wenigen Augenblicken die ganze Zukunft (!) seines äußeren Kollegen in beschleunigtem Tempo vorüberzieht.*«
Es ist hier nicht der Ort, auf die wissenschaftliche Ableitung dieser erstaunlich erscheinen-

den Tatsache einzugehen. Halten wir aber fest: Der »innere Beobachter« würde demnach noch im Moment seines Sturzes ins Dunkel erfahren, wie sich das Schicksal dessen gestaltet, der davon verschont bleiben kann, was er verspielt hat. Die wissenschaftliche Betrachtung deckt sich auch hier mit den Worten der Gralsbotschaft, die von dem Betroffenen sagt (Vortrag »Die Hüterin der Flamme«), daß er zum entsetzlichen Erkennen seines Sturzes in die bodenlose Tiefe der Zersetzung, des Verworfenseins, aufgerüttelt wird.

In den vorhin angeführten Auszügen aus der Gralsbotschaft war weiters die Rede von einer »langsamen« Zersetzung, von einer »tausendjährigen Qual«. Hören wir auch hierzu eine Stimme der Wissenschaft: »*Da bei einem solchen Schrumpfungsprozeß die Gesetze der Allgemeinen Relativitätstheorie die tragende Rolle spielen, kann man auch sagen, daß alle Vorgänge auf einem solchen Körper für einen äußeren Beobachter unendlich lange dauern.*« (Iosif Schklowski, Professor am Sowjetischen Raumforschungsinstitut, in »Bild der Wissenschaft«, Nr. 10/1972)

Nun ist hier von dem »äußeren Beobachter« die Rede. Uns aber kommt es darauf an, wie derjenige, der selbst von dem Vorgang erfaßt wird, diesen an sich erleben würde. Darüber lesen wir bei Felix Jurewitsch Zigel (a.a.O.): *»Ein Beobachter auf dem zusammenbrechenden Weltenkörper wird aber an seiner Uhr ablesen können, daß der ganze Vorgang nur etwa zehn Minuten dauert.«*
Hier scheint nun erstmals ein Widerspruch zu den Worten der Gralsbotschaft vorzuliegen. Seine Aufklärung erfordert eine Überlegung grundsätzlicher Art:
Die Relativitätstheorie befaßt sich ja, auf das Einfachste reduziert, mit dem Verhältnis unterschiedlicher Bewegungsabläufe. Sie bleibt dabei aber ausschließlich den *äußeren*, das heißt *stofflichen* Vorgängen zugewandt. Der Kette ihrer Überlegungen fehlt, soweit sie den Menschen einbezieht, das letzte, innerste Glied. Denn der Mensch ist nicht gleichzusetzen dem Körper, sein wirkliches Ich, sein Kern, ist Geist. Auch dieser Geist in ein selbständiges »bewegtes System«, dessen Bewe-

gung – sie besteht in der Aufnahmefähigkeit für das Erleben – mit jener des Körpers keineswegs gleichlaufen muß. Im Verhältnis zwischen den unterschiedlich bewegten Systemen »Körper« und »Geist« ist daher auch das *Bewußtsein* des letzteren mit zu beachten. Diese Unterlassung spielt dort keine Rolle, wo Körper und Geist gleichsam zu einer Einheit fixiert sind, wie im vorhin erwähnten Falle bei dem »äußeren Beobachter«, der selbst an dem Geschehen nicht teilnimmt.

Soferne der Mensch aber in seine Bewegung miteinbezogen ist, führt die Vernachlässigung des Geistes als eines eigenen »bewegten Systems« zu verzerrten Ergebnissen. Im vorliegenden Zitat wird dies dadurch deutlich, daß von einem »Beobachter« – also unbeteiligten Zuseher auf dem zusammenbrechenden Stern – gesprochen wird, für dessen *Uhr* (!) die rasende Rotation des Neutronensternes in wenigen Minuten beendet ist. Die Uhr dieses Beobachters mißt den Bewegungsablauf ihrer unmittelbaren Umwelt, nicht aber das bewußte *Erleben* des davon betroffenen Geistes.

Ein in der Auflösung des Stoffes noch an diesen gebundener Geist aber ist schon fast in Erstarrung verfallen, er kann der rasenden Außenbewegung eine Eigenbewegung kaum noch entgegensetzen. Die seine Hülle erfassende, wirbelnde Drehung muß ihm daher als relativ *unendliche* Größe erscheinen.

Das Ende wird zum Anfang

Was jetzt noch folgt, ist nur der letzte Vollzug. Hören wir ihn in der Schilderung durch Hoimar von Ditfurth:

»Auch das Stadium des Neutronensternes, so melden die Computer, ist noch immer nicht der Endpunkt in der Biographie eines Sternes...
Jedenfalls kommt nach einer kurzen Unterbrechung die Kontraktionsbewegung selbst in dieser bereits unvorstellbar dichten Kugel wieder in Gang, und dann gibt es kein Halten mehr: Der Neutronenstern zieht sich zu einem mathematischen Punkt, zu einem völligen Abstraktum zusammen...

Wie wir diese letzte Auskunft zu verstehen haben, sei dahingestellt. Jedenfalls gibt es jetzt keine Kraft mehr, welche der Selbstkontraktion bis zu dieser äußersten Grenze des rechnerisch Möglichen entgegenwirken könnte ... Der Stern tritt jedenfalls, so melden die Computer, von der Bühne ab. Auf irgendeine unvorstellbare Weise verschwindet er jetzt offenbar tatsächlich aus dem Universum.«

Entspricht dieses Sich-Verengen bis zum Verschwinden nicht dem Auslaufen durch den »Trichter der Zersetzung«, von dem die Gralsbotschaft spricht? Aber: *»Zersetzung ist, wohlgemerkt, nicht etwa gleichbedeutend mit Vernichtung. Vernichtet kann nichts werden. Es ist nur ein Zurückversetzen in den Urzustand.«* (GB »Ich bin die Auferstehung und das Leben ...«)
Dieser Kreis stofflichen Werdegangs, der sich in der Berührung von Ende und Anfang schließt, beginnt sich jetzt auch für die Wissenschaft abzuzeichnen, wenn Volker Weidemann schreibt: *»Es ist hochinteressant, daß der Urknall, der die Entstehung des Weltalls eingeleitet haben soll, im mathematischen Sinne der Allgemei-*

nen Relativitätstheorie nahezu eine Umkehrung des Gravitationskollaps ist.«

Die Entdeckung der schwarzen Löcher warf zwangsläufig ja die Frage auf, was denn mit der darin versunkenen Materie geschieht, wohin sie entschwindet. Die Gralsbotschaft hatte von dem »Riesentrichter« gesprochen ».*.. wo die Zersetzung vor sich geht, um an der anderen Seite als Ursamen wieder zu neuem Kreislaufe ausgestoßen zu werden.«* (»Die Welt«)
Das Bild eines solchen Doppeltrichters finden wir jetzt auch bei John Taylor (a.a.O.). Im Gegensatz zu dem verschlingenden »schwarzen Loch« bezeichnet er dessen spendend-erschaffende Gegenseite als »weißes Loch«, und er meint dazu:

»Die Entwicklung eines solchen Weißen Loches kann man sich genau umgekehrt zu der eines Körpers, der einen Kollaps durchmacht, vorstellen; es würde so aussehen, als wäre vom Kollaps eines rotierenden Sternes ein Film aufgenommen worden, der jetzt rückwärts läuft. Aber wir haben bereits

bemerkt, daß dieser Kollapskörper aus einem anderen Universum stammen müßte...«

Wie großartig-einfach wurde der ungeheure Bogen dieses Geschehens in der Gralsbotschaft (»Ich bin die Auferstehung und das Leben...«) bereits zusammengefaßt:

»Nun kommt die Stofflichkeit aus Überreife in Zersetzung, damit gleichzeitig ihrer Neugeburt entgegentreibend.«

In gleicher Weise erfüllt sich aber auch das Schicksal des Geistes, soweit er sich vom Stoffe nicht lösen konnte:

»Nach vollständiger Zersetzung des Stofflichen zurück in den Urstoff wird auch das nun unbewußtgeistig *Gewordene wieder frei und schwebt seiner Art entsprechend empor. Doch kehrt es dann nicht als bewußter Menschengeist zurück, sondern als unbewußter Samen, der einst seinen ganzen Lauf durch neu erwachenden Wunsch in einem neuen Weltenteile von vorn beginnt.«*

Bleibt schließlich noch die letzte, bange Frage: Wann? Die Gralsbotschaft sagt dazu: *»Das jüngste, das heißt, das* letzte *Gericht kommt einmal für jeden stofflichen Weltenkörper, aber es geschieht nicht gleichzeitig in der ganzen Schöpfung.«* (»Die Welt«)

Diese mangelnde Gleichzeitigkeit hat es uns überhaupt erst ermöglicht, die einzelnen Abschnitte des Geschehens feststellen zu können. Auch Hoimar von Ditfurth räumt jetzt daher ein: *»Die Sterne, die wir am Himmel sehen, sind nicht nur verschieden weit von uns entfernt und von unterschiedlichem Alter, sie gehören auch verschiedenen, aufeinanderfolgenden Sterngenerationen an. Bis zu dieser Erkenntnis war es ein weiter Weg...*

Es ist heute so gut wie sicher, daß ... auch die Sterne eine Entwicklung durchmachen, eine regelrechte, nach ganz bestimmten Gesetzen ablaufende Biographie.«

Für jedes Gestirn kommt also einmal die Zeit, denn »... *auch in dem Geschehen vieler Jahrmillionen ist einmal* ein bestimmtes Jahr *als ausschlaggebende Begrenzung einer notwendigen*

Scheidung alles Brauchbaren vom Unbrauchbaren.« (GB »Ich bin die Auferstehung und das Leben...«)

Bei John Taylor (a.a.O.) können wir heute lesen: *»Milliarden Jahre werden vergehen, aber am Ende verschlingen uns die schwarzen Löcher.«*

Wohl dem Menschengeiste, dessen Entwicklung es ihm gestattet, sich zeitgerecht aus dem Stoffe zu lösen! Denn die Rettung aus der Gefahr, in die stoffliche Zersetzung mit hineingezogen zu werden, bedeutet das Eingehen in das ewige Leben.

Die Folgerung

»Ewig und ohne Ende, also unendlich, ist nur der Kreislauf der Schöpfung in dem dauernden Werden, Vergehen und sich wieder Neubilden«,

wurde in der Gralsbotschaft (»Die Welt«) schon vor Jahrzehnten gesagt. Nun ist auch die Wissenschaft so weit: Sie hat den ewigen Kreislauf des Stoffes erkannt. Hierzu John Taylor (a.a.O.) aus jüngster Zeit: »*In diesem Falle würde die ganze Entwicklung wieder von vorn anfangen – Expansion, Verlangsamung, maximaler Expansionspunkt, Kontraktion und zuletzt Zerstörung aller zusammenhängenden Strukturen um uns herum. Ein derartiger Zyklus könnte ewig sein – es war immer so, es wird immer so sein.*«

Vergänglich ist also nicht nur die Form, vergänglich ist auch der Stoff als solcher. Sein Ende verläuft in jener Weise, wie die Gralsbotschaft es längst schon geschildert hat. Da sind:

– die Entartung durch Überreife;

– der dadurch bewirkte Zusammenbruch bei Überschreitung eines bestimmten Grenzwertes;

– die endgültige Scheidung von Licht und Dunkel;

– der gänzliche Zerfall des inneren Aufbaues;

– der Verlust aller Unterschiedlichkeit;

– das schließliche Wegschrumpfen aus dieser Welt, das dem Auslaufen durch einen Trichter gleicht.

Freilich: Wenn auch die Wissenschaft, so wie hier, vor allem nur noch Schwingungen mißt, so bleibt dies doch immer noch im Bereiche der – wenn auch verfeinerten – Grobstofflichkeit. Anderes vermöchten die grobstofflichen Geräte und unsere körperhaften Sinne infolge mangelnder Gleichart gar nicht wahrzunehmen. Denn Feinstofflichkeit ist und bleibt eine für unseren menschlichen Verstand fremde Art, er kann zu ihr keine Verbindung aufnehmen. Aber: »*Diese feinstoffliche Welt nun, das Jenseits, zur Schöpfung gehörend, ist den gleichen Gesetzen der dauernden Entwicklung und des Zersetzens unterworfen.*« (GB »Die Welt«)

Es gehört daher nicht mehr viel dazu, einen grundsätzlich gleichartigen Verlauf auch für diese, außerhalb unserer Erkennbarkeit liegende Schöpfungsart anzunehmen. Die entscheidende Schranke für das Verständnis – die Unvorstellbarkeit der »Zersetzung« – ist gefallen. Das Unbegreifliche wurde Ereignis: meßbar, berechenbar – physikalisch unbestreitbare Wirklichkeit! Was hier als »Sternkatastrophe« bezeichnet wurde, ist keine spektakuläre

Einzelerscheinung, sondern ein »ganz natürlicher Vorgang« im Zuge eines Entwicklungskreislaufes. Das ermöglicht uns, auch das »jüngste Gericht« als solchen Vorgang verstehen zu können. Es ergibt sich als *Auswirkung* dieser Geschehen auf den noch im Stoffe befindlichen Geist, dabei den gleichen Gesetzen folgend, die in der beobachtbar-stofflichen Welt von der Wissenschaft jetzt staunend erkannt worden sind.

Die Entdeckungen der Astrophysik sind daher nicht nur für Fachgelehrte bestimmt, sie gelten vielmehr der ganzen Menschheit. Auch damit sind uns »Zeichen am Himmel« erschienen, nicht ohne Grund gerade jetzt. Als eindringliche Mahnung verdienten sie, von uns allen beachtet zu werden.

Schon dämmert diese Erkenntnis auf: *»Das schwarze Loch versetzt nicht nur die Wissenschaften in Aufruhr, es stellt auch alle Anschauungen in Frage, die sich der Mensch über die Welt und den Platz, den er darin einnimmt, macht. Für ihn sind die Konsequenzen, die sich aus der Existenz der schwarzen Löcher ergeben, zumindest ebenso be-*

deutsam, wenn nicht von noch größerer Bedeutung, wie für die Wissenschaft. Beim Versuch des Menschen, das Unbekannte zu ergründen und die letzte aller Fragen zu beantworten, die Frage nach Leben und Tod, nach lebender und toter Materie, spielen sie eine wichtige Rolle«, schreibt John Taylor in seinem Buche »Die schwarzen Sonnen«.

Erwägend, wie dieser Sternenprozeß den menschlichen *Geist* berühren würde, kommt er – vom Physikalischen her – zuletzt der Gralsbotschaft ahnungsvoll nahe: »*Daher muß der Geist während des schicksalhaften Sprunges* (Anm.: in ein »anderes« Universum) *von der Materie völlig getrennt weiterexistieren. . . .*

Anderenfalls müßten wir annehmen, daß der Geist während des Sprunges zusammen mit der Materie stirbt.«

Schlagen wir zum Vergleich noch einmal das Buch »Im Lichte der Wahrheit« auf. Dort wurde gesagt:

»*Was sich bis dahin aus dem Grob- und Feinstofflichen noch nicht lösen konnte, um über die höchste, feinste und leichteste Grenze, alles Stoffliche zurück-*

lassend, in das Geistig-Wesenhafte einzutreten, das wird unweigerlich in die Zersetzung mit hineingezogen, wodurch auch seine Form und das Persönliche an ihm vernichtet wird.« (GB »Die Regionen des Dunkels und die Verdammnis«)

Die Übereinstimmungen – bis in die Einzelheiten – sollten aufhorchen lassen. Denn in der Gralsbotschaft wurde ja schon vor rund vierzig Jahren eingehend beschrieben, was erst die Radioastronomie und die Computertechnik im Verlaufe des letzten Jahrzehnts nach und nach zu entdecken erlauben. Die Frage, wie ihr Verfasser dies konnte, wer er denn war, drängt sich auf. Selbst heute noch sind die Wissenschaftler von dem kaum Begreiflichen überwältigt. Es klingt fast entschuldigend, wenn Volker Weidemann (a.a.O.) schreibt: *»In vielen Belangen der Forschung ist man eben auf Vorgänge gestoßen, für die man weder Worte noch Vorstellungen finden konnte.«*
Was den Fachleuten noch Schwierigkeiten bereitet, hat aber Abd-ru-shin schon lange zuvor vermocht: Er hat – sogar weit über das Stoff-

liche hinaus – eine Beschreibung dieses Geschehensablaufes gegeben und uns von der letzten Entscheidung gekündet, der wir alle dadurch entgegengehen.
Nun zeugen die Zeichen am Himmel für ihn und für die Wahrheit seines Wortes.

DIE »ENTDECKUNG« DER ERBSÜNDE: DAS VERKRÜPPELTE GEHIRN

*Wissenschaft auf den Spuren
der Gralsbotschaft*

»*Noch immer ist die Wissenschaft weit
davon entfernt, alle Geheimnisse des Gehirns
zu kennen.*«

Theo Löbsack

Erbsünde – was ist das?

Viele Menschen der christlichen Welt kennen den Begriff der »Erbsünde«, haben zumindest im Religionsunterricht davon gehört. Doch fragt man sie, was sie sich darunter vorstellen, sind die Antworten zögernd und unbestimmt. Die einen wissen damit überhaupt nichts anzufangen, andere bringen ihn in Beziehung mit der Geschlechtlichkeit, und nur wenige erinnern sich der biblischen Erzählung von der Versuchung durch die Schlange. Aber auch von denen weiß kaum einer den Sinn des Gleichnisses zu deuten. Das Essen der verbotenen Frucht und die nachfolgende Austreibung aus dem Paradies sind auch für sie ohne vorstellbar-faßlichen Inhalt, aus dem sie eine »Erbsünde« ableiten könnten. Sie müssen diese vielmehr als unbegreifliche Ungerechtigkeit empfinden, zumal dann, wenn sie – kirchlicher Lehrmeinung folgend – nur von *einem* irdischen Leben ausgehen und glauben, die Wiedergeburt verneinen zu müssen. Wie also kommen sie dazu, schon mit einer Sünde höchst unbestimmter Art geboren zu werden, an deren Begehung sie keinen Anteil hatten?

Abd-ru-shin hat in der Gralsbotschaft endlich diesen Schleier der Verständnislosigkeit zerrissen. Die Erbsünde gibt es demnach tatsächlich. Der biblische Bericht umschreibt bloß bildhaft eine höchst betrübliche Wirklichkeit, nämlich eine vom Menschen verschuldete organische Fehlentwicklung. Sie besteht in der Überzüchtung des Verstandes, was eine unnatürliche und vererbliche Vergrößerung des Vorderhirns zur Folge hatte.

Geistesträge und Übelwollende, die die Bedeutung des von ihnen so hochgeschätzten Verstandes nicht vermindern lassen wollten, spotteten darüber und meinten, Kritik daran üben zu müssen. Abd-ru-shin »verbietet das Denken«, so folgerten sie, um die blindgläubige Hinnahme seiner Behauptungen erzwingen zu können – gerade er, der schon im Geleitwort seiner Botschaft die Menschen zu rücksichtslosem Abwägen und Prüfen aufgefordert hatte!

Seit der Niederschrift der Gralsbotschaft sind mehr als fünfzig Jahre vergangen. Neben allen anderen Wissenschaften hat gerade in den letzten Jahrzehnten die Neurologie und Neurophysiologie, im besonderen die Gehirnforschung, eine Fülle neuer Erkenntnisse gewonnen. Sie haben auf der ganzen Linie – trotz der ihnen zwangsläufig anhaftenden Unzulänglichkeit und mangelnden Endgültigkeit – die von Abd-ru-shin gegebenen Erklärungen bestätigt.

Im folgenden soll versucht werden, an Hand zusammenfassender Aussagen einiger namhafter Wissenschaftsphilosophen und Sachbuchautoren, diese Übereinstimmung aufzuzeigen. Haben Sie Verständnis dafür, wenn ich selbst mit eigenen Worten dabei weitgehend in den Hintergrund trete und mich mit Zitierungen begnüge. Sie sprechen, so meine ich, für sich.

Die Wucherung

Sieben Achtel (7/8) des Rauminhaltes unserer Schädelkapsel nimmt das Vorderhirn ein, das deshalb auch als »Großhirn« bezeichnet wird. Die Wissenschaftler haben dies mit nicht geringem Befremden vermerkt, denn dieses Wachstum ist – so der verstorbene Wissenschaftsphilosoph Arthur Köstler (»Der Mensch – Irrläufer der Evolution«, Scherz Verlag):

»... mit einer geradezu explosionsartigen Geschwindigkeit erfolgt, die in der Geschichte der Evolution ohne Beispiel ist – manche Anatomen haben den Vorgang mit dem rapiden Wachstum eines Tumors verglichen.
Es scheint, als sei diese Gehirnexplosion auf der Bahn jener Exponentialkurven verlaufen, die uns in jüngster Zeit so vertraut geworden sind.«

Andere Autoren sprechen von einem infolge seiner Schnelligkeit geradezu »pathologischen Riesenwuchs« dieses Vorderhirns (Theo Löbsack, »Der Mensch – Fehlschlag der Natur«,

Verlag C. Bertelsmann), von einer »Aufpfropfung« (Arthur Köstler), die sich »wie eine Kappe über die älteren Gehirnteile ausgebreitet habe.« (Gordon Rattrey Taylor, »Die Geburt des Geistes«, S. Fischer Verlag)
Im gleichen Zeitraum aber sind die letzteren – wie Köstler es formuliert – *»von den flinken Fingern der Evolution kaum berührt worden«*, haben also so gut wie keine Veränderung erfahren.
Nun steht auch für die Wissenschaft außer Frage, daß das Vorder- oder Großhirn unsere Denkprozesse besorgt, Sprache und rechnerische Überlegungen steuert, kurz, uns den unmittelbar sinnenhaften Kontakt mit dieser irdischen Welt ermöglicht. Das Großhirn also ist es, das jene sachliche Auseinandersetzung mit der Umwelt vornimmt, die man unter dem Begriff des Verstandes zusammenfaßt.
Dieser Verstand ist demnach das wichtigste Werkzeug zur irdischen Einbindung des Menschen, aber es ist ihm – nach der Gralsbotschaft – auch zu eigen, daß er *»... als Produkt des menschlichen Gehirnes die Beschränkung in*

sich tragen muß, der alles Körperlich-Grobstoffliche durch seine eigene Beschaffenheit stets unterworfen bleibt... Das ergibt für den Verstand naturgemäß das engste, nur irdische Begriffsvermögen, dicht an Raum und Zeit gebunden.« (GB »Es war einmal...!«)

So schwer es manchen Menschen noch fallen mag, diese Begrenztheit des Verstandes einzusehen, die Wissenschaft kann nicht umhin, sie zuzugeben.

Man könnte dies kaum treffender zum Ausdruck bringen, als durch die Gegenüberstellung der Worte des Biologen Heinrich K. Erben (zitiert nach Hoimar von Ditfurth, »Unbegreifliche Realität«, Verlag Rasch und Röhrig): *»Intelligenz, vor allem die technisch orientierte, manifestiert sich nur (!) auf der materiellen Grundlage des menschlichen Gehirns«* und jener des bekannten Wissenschaftspublizisten Hoimar von Ditfurth selbst, der sagt, wir hätten, *»...ob wir uns das nun vorstellen können oder nicht, ein für allemal zur Kenntnis zu nehmen, daß* die wirkliche Beschaffenheit der Welt unserem Verstand definitiv unerreichbar *und jedenfalls* *total anders ist, als der Augenschein sie uns präsentiert*« (»Unbegreifliche Realität«).

Denn – so meint Herbert Gruhl – »*Die unübersehbaren Erscheinungsformen des Lebens beweisen, daß hier steuernde Kräfte am Werke sind, deren Wesen und Ziel der Mensch mit seinem Verstande nicht erfassen kann.*« (»Das irdische Gleichgewicht«, Erb Verlag)

Der Grund dieses Unvermögens ist auch der Wissenschaft klar. Ihre knappe Aussage lautet:

»*Da das Denken durch die Zeit eingegrenzt wird, kann es nicht erfassen, was jenseits des raum-zeitlichen Rahmens liegt.*« (Renée Weber in »Das holographische Weltbild«, hrsg. von Ken Wilber)

Wie aber kam es zu diesem unharmonischen Wachstum gerade dieses in seinem Fassungsvermögen nur auf Irdisches beschränkten Gehirnteiles, das Köstler an einen »Konstruktionsfehler« (»Das Gespenst in der Maschine«, Verlag Fritz Molden) denken ließ?

Da finden wir bei dem zuvor schon genannten Wissenschaftspublizisten Theo Löbsack einen bezeichnenden Satz: »*Es läßt sich nämlich folgern, daß auch die Neugier ein starker stammesgeschichtlicher Impuls für die Großhirnentwicklung gewesen sein muß.*«

Neugier ist Wissenwollen. Das wäre an sich nichts Schlechtes, denn »*... wir sollen prüfen, forschen. Der Drang dazu liegt nicht umsonst in uns*« (GB »Erwachet!«), wird uns in der Gralsbotschaft gesagt.

Der Wunsch, zu einem unserem Fassungsvermögen angemessenen immer besseren Verständnis dieser Welt zu gelangen, ist uns eingewurzelt als notwendige Voraussetzung zur Nutzung irdischer Möglichkeiten. Aber der Schritt vom Wissenwollen, das in demütigem Staunen vor dem wunderbaren Wirken des Schöpfers seine freiwillig gezogene Grenze findet, zum selbstherrlichen Besserwissenwollen ist nur klein – und genau ihn hat die Menschheit getan. Sie hat der in der Bibel geschilderten Versuchung nachgegeben »zu sein wie Gott und über Gut und Böse selbst entscheiden zu wollen« (1.Mos.3/5). Dieses Ziel war, so meinte man, durch den Verstand zu erreichen, der nicht nur vermeintlich die Welt erschloß, sondern eine bessere zu schaffen geeignet schien.

Dieses Werkzeug also galt es einzusetzen, zu erweitern, zu verfeinern. Damit wurde jener unheilvolle Prozeß eingeleitet, dessen Einseitigkeit der berühmte Biologe Ludwig von Bertalanffy aufgezeigt hat: »*Was man allgemein als menschlichen Fortschritt bezeichnet, ist eine rein intellektuelle Angelegenheit, die durch das enorme Wachstum unseres Vorderhirns ermöglicht wurde.*« (zitiert nach A. Köstler, »Das Gespenst in der Maschine«)

Den Preis, den wir dafür zu bezahlen hatten, nennt Theo Löbsack: »*Die Natur verlor beim Menschen nach und nach mehr den Rang, der Maßstab aller Dinge zu sein. Ihren Platz übernahm das Großhirn des Menschen und mit ihm die von ihm geschaffene Umwelt, von der er zuletzt immer stärker abhängig wurde.*«

Damit schlitterte der Mensch immer tiefer in die verstandesmäßige Selbstbezogenheit, von welcher schon in der Gralsbotschaft gesagt worden war:

»Daß die Verstandestätigkeit auch Besserwissenwollen in sich trägt, das trotzige Beharren auf allem, was eine solche Tätigkeit für richtig hält, ist leicht begreiflich; denn der Mensch hat ja dabei ›gedacht‹, was er zu denken fähig war. Er hat seine Höchstgrenze im Denken erreicht.
Daß diese Grenze durch das Erdgebundensein des vorderen Gehirnes niedrig ist, der Mensch deshalb mit dem Verstand nicht weiter kann, vermag er nicht zu wissen und wird aus diesem Grunde immer denken und behaupten, mit seiner Grenze auch das Richtige erreicht zu haben.« (GB »Das verbogene Werkzeug«)

Heute stimmt der Physiker David Bohm (»Implizite und explizite Ordnung«) dem in vollem Umfang zu, wenn er feststellt, das verstandesmäßige Denken *»... vergegenständlicht sich selbst und bildet sich dann ein, es gebe nichts als das, was es über sich selbst denken kann und worüber es nachdenkt.«* (zitiert nach »Das holographische Weltbild«)
Wohin hat dies nun geführt?

»*Die offenbarsten Triumphe feierte die Wissenschaft. Sie ist das Gegenüber des angebeteten Verstandes und einer Welt, die nicht mehr göttliche Schöpfung ist, sondern den Charakter einer gewaltigen Denksportaufgabe für die Menschheit trägt*«, lesen wir bei Hoimar von Ditfurth (»Unbegreifliche Realität«).

Wegen dieser selbstherrlichen Abwendung vom Schöpfer hat Abd-ru-shin den Verstand als das Werkzeug des Antichristen bezeichnet. Und siehe: Nicht etwa ein religiöser Eiferer, ein sachlich urteilender Wissenschaftler wie Hoimar von Ditfurth (»Unbegreifliche Realität«) gelangt heute zur Ansicht:

»*Der menschliche Verstand demaskiert sich als der* Widersacher Gottes, *und aus dem menschlichen Streben nach Ausschöpfung der menschlichen Möglichkeiten ist ein Totalitätsanspruch geworden. Der Ausdruck ›Gott‹ ist lediglich der terminus technicus für den vorläufig noch unerklärten Rest eines Kosmos, der prinzipiell mit dem Verstande völlig erklärt werden kann. Die höchste Intelligenz ist der reine Verstand.*«

Nun wissen wir doch aus Erfahrung und Beobachtung, daß der Gebrauch eine Fähigkeit oder ein Organ stärkt und vergrößert, der Nichtgebrauch es hingegen verkümmern läßt. Die immer stärkere Hinwendung zum Verstand *mußte* demnach das Vorderhirn zu jenem »Katastrophenorgan« werden lassen, als welches Löbsack es leider allzu berechtigt bezeichnet.

Zurückgeblieben...

»Es gibt für jede Struktur, Organisation und Institution eine optimale Größe; versucht man irgendeine einzelne Variable dieses Systems zu maximieren... wird man unweigerlich das umfassendere System zerstören«, mit diesen Worten beschreibt der Atomphysiker Fritjof Capra (»Wendezeit«, Scherz Verlag) eine heute als allgemein gültig erkannte Gesetzmäßigkeit. Ihre Auswirkung auf die Gehirnentwicklung, die die Wissenschaft jetzt mit Erschrecken erkennt, war schon von Abd-ru-shin aufgezeigt worden:

»Die Höchstanspannung nur des Vorderhirns Jahrtausende hindurch trieb dessen Wachstum weit über alles andere hinaus.
Die Folge ist Zurückdrängung der Tätigkeit aller vernachlässigten Teile, welche schwächer bleiben mußten in geringerer Benutzung. Dazu gehört in erster Linie das Kleingehirn, welches das Instrument des Geistes ist.« (GB »Empfindung«)

Eben diese Folgewirkung sieht nun auch der Biologe Rupert Riedl:

»Heute ist das Gehirn des Menschen ein Extremorgan. Es hat sein Volumen in nur vier Jahrmillionen exponentiell wachsend verdreifacht... Es unterdrückt mit seiner Spezialisation die Evolution fast aller anderen Organe.« (»Die Strategie der Genesis«, Piper Verlag)

Nun war in der Gralsbotschaft vorhin vom »Geist« die Rede gewesen. Damit wird ein Begriff hier eingeführt, der für die Wissenschaft in ihrer Selbstbeschränkung auf Raum und Zeit nicht faßbar ist. Indem sie nur das Wäg-

und Meßbare gelten läßt, bindet sie sich an das den körperlichen Sinnen und ihren verlängerten Hilfseinrichtungen Zugängliche, kurz also an den erdverhafteten Verstand. Es können deshalb hier nur persönliche Bekenntnisse an die Stelle wissenschaftlicher Feststellungen treten.

Gerade jene Wissenschaftler, die sich der natürlichen Schranken ihres Forschenkönnens bewußt sind, sind es, die ein solches Bekenntnis nicht scheuen. Einige davon seien hier – stellvertretend für viele andere – angeführt.

So spricht etwa der britische Neurologe und Nobelpreisträger Sir John Eccles die Überzeugung aus vom außermateriellen Ursprung des *»seiner selbst bewußten Geistes«* (»Gehirn und Geist«, Kindler Verlag), und der Wissenschaftspublizist Gordon Rattrey Taylor gelangt zum Schlusse seines Buches »Die Geburt des Geistes« zur Ansicht: *»Der Mensch ist eine wunderbare Maschine, doch er ist keineswegs nichts als eine Maschine. Er ist eine Maschine* plus *etwas.«*

Eben dieses zusätzliche »Etwas« ist es, das Arthur Köstler in seinem so benannten Buche als

»Das Gespenst in der Maschine« bezeichnet hat, das in dieser stofflichen Körperlichkeit sein unergründliches Wesen treibt.

Aus ganz anderer Richtung kommend erkennt C. G. Jung genau die Beschränkung, die den Verstand von dem lebendigen Kern des Menschen, dem Geiste, unterscheidet: *»Ich glaube einfach, daß irgendein Teil des menschlichen Selbst oder der Seele den Gesetzen von Raum und Zeit nicht unterliegt.«* (zitiert nach Paul Davies »Gott und die moderne Physik«, Verlag C. Bertelsmann)

Und Hoimar von Ditfurth (»Der Geist fiel nicht vom Himmel«, Verlag Hoffmann und Campe) meint gerade in bezug auf das Gehirn: *»Deshalb dürfen wir vermuten, daß unser Gehirn ein Beweis ist für die reale Existenz einer von der materiellen Ebene unabhängigen Dimension des Geistes.«*

Der Neurologe Wilder Penfield schließlich kommt den Worten der Gralsbotschaft, wonach es allein der Geist ist, der den Menschen zum Menschen macht, verblüffend nahe mit der für einen Wissenschaftler ungewöhnlich freimütigen Aussage: *»Der Geist ist der Mensch,* *den man kennt.«* (nach J. Eccles/Hans Zeiser »Gehirn und Geist«, Kindler Verlag)

Für die vorliegende Betrachtung aber genügt bereits jener Satz, mit welchem Ken Wilber, der Herausgeber des Sammelbandes »Das holographische Weltbild«, der Beiträge bedeutendster zeitgenössischer Physiker enthält, diese Problematik vorsichtig zusammengefaßt hat: *»So oder so – die moderne Naturwissenschaft leugnet den Geist nicht mehr. Und das ist nun wirklich epochal.«*

Was aber weiß die Wissenschaft nun vom »Kleinhirn«, das – der Gralsbotschaft zufolge – das Instrument dieses zumindest nicht mehr geleugneten Geistes ist? Bei Hoimar von Ditfurth (»Der Geist fiel nicht vom Himmel«) lesen wir schlicht und einfach: *»Das Kleinhirn, unter dem Hinterhaupt gelegen ... hat mit psychischen Funktionen nichts zu tun. Es bildet eine zentrale Steuerungs- und Verrechnungsstelle für alle Bewegungsabläufe.«*

Löbsacks knappe Beschreibung lautet: *»Im Hinterhaupt befindet sich ein faustförmiger Gehirnteil, das Kleinhirn oder Cerebellum. Es enthält* *die Regulationszentren für die Erhaltung des Gleichgewichts und ist für die Bewegungskoordination zuständig.«*

Gerade im Zusammenhang mit der Bewegungskoordination hat die Wissenschaft allerdings schon etwas ganz Entscheidendes herausgefunden: daß das Kleinhirn jedenfalls nichts mit verstandesmäßigen Überlegungen zu tun hat. So führte Wolf-Dieter Heiss, der Direktor des Max-Planck-Instituts für neurologische Forschung, im Zuge eines Fernsehgespräches (ORF Wien) aus:

»Wenn man motorische Abläufe lernt, sollen diese aus der bewußten Großhirntätigkeit abgeschoben werden. Zum Beispiel beim Tanzen: Zuerst macht man die Schritte sehr unbeholfen, holprig, und dann werden sie ›rund‹ – sobald das Kleinhirn lernt, diese Bewegungen richtig abzuspielen. Die Aussteuerung besorgt dann das Kleinhirn, ohne aktive Beanspruchung des Bewußtseins.« (»Neue Welt aus Null und Eins«, Verlag Franz Deuticke)

Dennoch widmet Gordon Rattrey Taylor (»Die Geburt des Geistes«, s. vor) diesem Teil unseres Gehirns – einer »weiteren, faltigen, zweilappigen Struktur«, die er als »automatischen Piloten« bezeichnet – bei einem Buchumfang von 455 Seiten nicht mehr als die folgenden Zeilen:

»Dieses kleine Gehirn besteht aus einander ähnlichen langen Datenbanken, die, einem Computer nicht unähnlich, von einem Satz von Nerven mit Daten gefüttert und überwacht werden. – Gleichwohl sind sich einige Wissenschaftler nicht sicher, ob das Cerebellum nicht auch andere, bislang einfach noch nicht entdeckte Funktionen *hat. Es empfängt nicht nur Informationen vom Cortex* (Anm.: Großhirn), *sondern auch vom Mittelhirn, das mit Emotionen befaßt ist. Das ist recht sonderbar. Warum sollte ein automatischer Pilot irgendetwas mit Emotionen zu tun haben? Wie dem auch sei, ich will es dabei bewenden lassen und über das Cerebellum* weiter nichts mehr sagen.«

Das Zusammenwirken

Trotz des darin zum Ausdruck gekommenen offensichtlichen Unvermögens, mit dem Kleinhirn »etwas anfangen zu können«, enthalten die vorstehenden Aussagen doch einige recht bemerkenswerte Hinweise. Da ist die Rede von einem »Steuerungszentrum« der Bewegungsabläufe, das eine »Überwachung« gelieferter Daten vornimmt, ja sogar von einem »automatischen Piloten«. Verweisen nicht allein schon diese Worte auf eine in Wahrheit *übergeordnete* Bedeutung gerade dieses Gehirnteiles? Welchem Fahrzeug etwa nützte allein die darin enthaltene Kraft, die es zur Fortbewegung in seiner Umwelt befähigt, würde diese nicht in sinnvoller Weise gelenkt und gezügelt werden?

Dieses Kleinhirn ist, wie es weiter heißt, für die Erhaltung des Gleichgewichts zuständig. Könnte es, angesichts der auch für die Wissenschaft nicht auszuschließenden Möglichkeit des Bestehens eines außerhalb des irdischen Raum- und Zeitbegriffes stehenden Geistes

nicht sein, daß dieser Aufgabe eine viel weiterreichende Bedeutung zukommt, denn – so Viktor K. Wendt (»Polarität«, Sphinx-Verlag, Basel): »*Geistige Kräfte und Energien lassen sich nicht begrifflich oder bildlich erfassen.*«
Etwas von dieser Schwierigkeit kommt in den ahnungsvollen Worten Arthur Köstlers (»Das Gespenst in der Maschine«) zum Ausdruck, mit welchem er die Tätigkeit dieses von ihm als »Althirn« bezeichneten Gehirnteiles zu beschreiben versucht: »*Es hat seine eigenen geistigen Funktionen, es fühlt und denkt, wenn auch nicht in verbalen Begriffen ... aber auf eine entwicklungsgeschichtlich überholte Art und Weise, die von Psychiatern als infantil oder primitiv bezeichnet wird*«,
und er fügt an anderer Stelle bei:
»*Der Glaube ist eine Art des Wissens, bei welcher das emotionale Althirn dominiert.*«
»Primitiv«, fernab der klugseinwollenden Geltungssucht, »infantil«, kindlich (nicht kindisch!) also ist die Denkweise dieses kleinen Gehirns. Welch wunderbar reine Unverbildetheit tritt uns hier doch entgegen! Erinnern wir

uns da nicht der Mahnung Jesu: »Werdet wie die Kinder!« – geöffnet, vertrauensvoll, aufnahmebereit? So ist es nur folgerichtig, daß der dem innersten Kern des Menschen entspringende, dem Schöpfer zustrebende Glaube erkennen läßt, daß hier der *Geist* sein Wirkungsfeld hat.
Und so ist es auch. Die Forschung hätte sich vieles erleichtern können, würde sie endlich – als eine zwar nicht faßliche, aber in ihrem Wirken erkennbare Größe – den Geist in ihre Betrachtungen einbeziehen. In der Gralsbotschaft war nämlich schon vor mehr als einem halben Jahrhundert die Aufgabe des Kleinhirns dargelegt worden:

»Die Tätigkeit des Menschengeistes ruft in dem Sonnengeflecht die Empfindung hervor und beeindruckt dadurch gleichzeitig das kleine Gehirn. Die Auswirkung *des Geistes. Also eine Kraftwelle, die von dem Geiste ausgeht...*
Dieses kleine Gehirn formt je nach der bestimmten Art der verschiedenartigen Beeindruckung einer photographischen Platte gleich das Bild des Vorgan-

ges, den der Geist gewollt hat, oder den der Geist in seiner starken Kraft durch sein Wollen formte. Ein Bild ohne Worte! Das Vorderhirn nimmt nun dieses Bild auf und sucht es in Worten zu beschreiben, wodurch die Zeugung der Gedanken vor sich geht, die in der Sprache dann zum Ausdruck kommen...
Bei diesem Weitergeben ist bereits eine kleine Veränderung durch Verdichtung erfolgt, da ja das kleine Gehirn die ihm eigene Art beimischt.« (GB »Empfindung«)

Halten wir hier einen Augenblick inne. War nicht zuvor bei Köstler die Rede davon gewesen, das Kleinhirn fühle und denke, doch nicht verbal – also in wortlosen Bildern? Die Wissenschaft erkennt also sehr wohl den Unterschied gegenüber der *sodann* wortformenden Arbeit des Vorderhirns – aber da sie den Geist, den Ausgangs- und Endpunkt aller Gehirntätigkeit aus ihren Betrachtungen noch ausgeklammert läßt, sieht sie nicht die verdichtende Umwandlung, die dessen Wollen hier *erstmals* erfährt.

Lesen wir nun in der Gralsbotschaft weiter:

»Wie ineinandergreifende Glieder einer Kette arbeiten die Instrumente in dem Menschenkörper, die dem Geiste zur Benützung zur Verfügung stehen. Sie alle betätigen sich aber nur formend, *anders können sie nicht. Alles ihnen Übertragene formen sie nach ihrer eigenen besonderen Art. So nimmt auch das Vorderhirn das ihm vom Kleinhirn zugeschobene Bild auf und preßt es seiner etwas gröberen Art entsprechend erstmalig in engere Begriffe von Raum und Zeit, verdichtet es damit und bringt es so in die schon greifbarere feinstoffliche Welt der Gedankenformen.*
Anschließend formt es aber auch schon Worte und Sätze, die dann durch die Sprechorgane in die feine Grobstofflichkeit als geformte Klangwellen dringen, um darin wiederum eine neue Auswirkung hervorzurufen, welche die Bewegung dieser Wellen nach sich zieht.« (GB »Empfindung«)

Greifen wir jenen Schlüsselsatz heraus, der die Wirkungsweise von Hinter- und Vorderhirn (Klein- und Großhirn) am knappsten beschreibt: *»Alles ihnen Übertragene formen sie nach ihrer eigenen besonderen Art.«* Mit dieser von Abd-ru-shin dargebotenen Erklärung wird nämlich keineswegs verlangt, Unvorstellbares hinzunehmen.

Derartige Umwandlungsprozesse sind nicht nur der Wissenschaft, sondern ganz allgemein sowohl vom lebenden Organismus als auch aus der Technik bekannt. So werden etwa die Bilder, die die Netzhaut des Auges aufnimmt, durch deren winzige Zapfen und Stäbchen in mikroelektrische Nervenimpulse verwandelt. Auf immer noch unerklärliche Weise entstehen daraus im »Sehzentrum« sodann jene Eindrücke, die uns als die Wirklichkeit dieser Welt erscheinen.

Schallwellen schließlich, bewegte Luft, werden erst nach der im Ohr erfolgten Verwandlung durch mechanische und mikroelektrische Übertragungssysteme im Großhirn zu akustischer Wahrnehmung.

Und haben wir eine solche stufenweise Verdichtung nicht etwa bei Rundfunk und Fernsehen nachgebildet? Die von einem Sender ausgehende, ebenso unsichtbare wie unhörbare Schwingung wird zunächst von einer Antenne aufgenommen, die sie jenem Apparateteil zuleitet, welcher sie – seiner Art entsprechend – in elektrische Impulse verwandelt. Damit ist die erste, immer noch schwache, weil den groben Sinnen noch nicht unmittelbar bemerkbare Verdichtung erfolgt. Erst in der nächsten Verwandlungsstufe durch die Bildröhre und den Lautsprecherteil wird das bislang für uns Unfaßliche sicht- und hörbar.

Übertragen wir nun das gleiche Prinzip auf die Vorgänge in unserem Gehirn, wie diese von der Gralsbotschaft aufgezeigt wurden: Der Geist wäre demnach der Sender, von dem ein bestimmtes Wollen als unsichtbare Schwingung, als »Kraftwelle«, ausgeht. Das Sonnengeflecht entspräche dann der Antenne, das von dieser Schwingung angeregt, sie dem Kleinhirn zur ersten Umwandlung zuführt, durch welche es in weiterer Folge dem Vorderhirn erst ermöglicht wird, sie letztendlich umzusetzen in erdenstofflich wahrnehmbare Auswirkungsformen.

Dazu hat die Wissenschaft erst vor wenigen Jahren einige höchst bemerkenswerte Er-

kenntnisse gewonnen. Man hat nämlich entdeckt, daß die beiden Hälften des *Vorder*hirns – deren linke die rechte, deren rechte hingegen die linke Körperseite steuert – noch viel weitergehende unterschiedliche Aufgaben haben. In der linken Seite sind die sprachlichen, logischen, rechnerischen Fähigkeiten, das zerlegende, schrittweise Denken angesiedelt, während in der rechten Hälfte die gestaltenden schöpferischen Kräfte, musisches Vermögen und zusammenfassende Ganzheitsschau zu finden sind (dargestellt in »Das holographische Weltbild«, bei Capra, Eccles, Taylor, »Bild der Wissenschaft« Nr. 1/1985, u.v.a.).
Es ist also auch noch innerhalb der Gesamtheit des Großhirns eine deutliche Abstufung vorhanden. In dem vergleichsweisen Beispiel mit der Wirkung eines Fernsehapparates entspräche dies etwa der Trennung der ankommenden Stromimpulse in die lebhafteren Schwingungen des Lichtes und die trägeren, mehr der irdischen Grobstofflichkeit zugehörigen des Klanges. Diese Unterteilung hat Köstler (»Der Mensch – Irrläufer der Evolu-

tion«) zu der Auffassung veranlaßt, daß die beiden Vorderhirnhälften »... *einander ergänzen wie Yin und Yang* (Anm.: nach altchinesischer Weltsicht die Polaritäten der Ganzheit). *Die beiden Hemisphären müssen offenbar zusammenarbeiten, damit ... der Mensch seine Möglichkeiten voll ausschöpfen kann.«*

Liegt es da nicht nahe, diese schon innerhalb des Großhirns erkannte Notwendigkeit noch weiter zurückzuverfolgen und diese Ergänzung zu einer übergeordneten Einheit auch im Verhältnis zwischen Groß- und Kleinhirn anzunehmen? Eine in diese Richtung weisende Vorstellung zeichnet sich in der Wissenschaft tatsächlich ab. Nach Köstler (in »Das Gespenst in der Maschine«) nimmt das von ihm so bezeichnete »Althirn« nämlich »... *eine strategisch zentrale Position ein, von der aus es innere Empfindungen mit Wahrnehmungen aus der Außenwelt in Verbindung bringen und auf sie nach eigenem Ermessen reagieren kann«.*

oder, wie bei Gordon Rattrey Taylor zu lesen: »*Das neue Gehirn sagt ihnen, was es ist, das alte Gehirn sagt ihnen, ob es wichtig ist.*«

Betrachtet man diese beiden Aussagen näher, so zeigt sich, daß die erstere mehr ein Wirken von innen nach außen, die letztere ein solches von außen nach innen zum Gegenstand hat. Es erkennt also auch die Wissenschaft die nach beiden Richtungen offene Mittlerrolle des Kleinhirns, von welcher schon in der Gralsbotschaft gesagt worden war, es

»... *fällt einem Teile der Gehirnmasse die Aufgabe zu,* Geistiges aufzunehmen wie eine Antenne, *während der andere Teil, der den Verstand erzeugt, das Aufgenommene dann zur Benutzung für die Grobstofflichkeit umarbeitet. Ebenso soll umgekehrt das vordere Gehirn, das den Verstand erzeugt, alle Eindrücke aus der Stofflichkeit aufnehmen, zur Empfangsmöglichkeit des hinteren Gehirnes umarbeiten, damit dessen Eindrücke zur weiteren Entwickelung und Reife des Geistes dienen können. Beide Teile aber sollen* gemeinschaftliche *Arbeit leisten. So liegt es in den Bestimmungen des Schöpfers.*« (GB »Das verbogene Werkzeug«)

Wo aber nicht nur Meldungen gesammelt, sondern – nach den obigen Worten der Wissenschaftler – auf ihre Bedeutung *geprüft* und nach *Ermessen* verwertet werden, dort ist eine richtende, ordnende *Führung* am Werke. Die Wissenschaft, so möchte man sagen, »erspürt« geradezu das Walten des offiziell noch nicht allgemein anerkannten Geistes. Und Köstler, der in diesem Zusammenhang von »inneren Empfindungen« gesprochen hatte, ahnte gar nicht, wie nahe er damit der klärenden Wahrheit gekommen war.
Denn die Empfindung – eine körperunabhängige Regung – ist nach der Gralsbotschaft jene »Kraftwelle«, die vom *Geiste* als »Sender« ausgeht. Sie ist die »innere Stimme«, die als Sprache des Geistes sein Wollen trägt.

Die unselige Erbschaft

»*Die alten und die neuen Strukturen wirken ständig aufeinander ein, trotz ihrer mangelhaften Koordination und Abwesenheit jener Kontrollen, die einer wohlausgeglichenen Hierarchie Stabilität verleihen«*, beschreibt Köstler (»Das Gespenst in der Maschine«) den notwendigen, aber höchst unvollkommenen Zustand, wobei der Ausdruck »Hierarchie« bemerkenswert ist, da er ein Verhältnis von Über- und Unterordnung umschließt.

»Würden wir nicht wissen, daß das Gegenteil der Fall ist, dann hätten wir eigentlich erwartet, daß die evolutionäre Entwicklung das primitive alte Gehirn allmählich in ein verfeinertes Instrument verwandelt haben würde«, fügt Köstler bei. Damit bestätigt er, was die Gralsbotschaft betont hat:

»Die beiden Teile des Gehirnes hätten ganz gleichmäßig *großgezogen werden müssen, zu gemeinsamer harmonischer Tätigkeit, wie alles in dem Körper. Führend der Geist, ausführend hier auf Erden der Verstand.«* (GB »Es war einmal...!«)

Zum besseren Verständnis dafür, wie es dazu kommen konnte, daß die Entwicklung nicht gleichmäßig verlief, wollen wir uns nochmals den beiden Hälften des *Vorder*hirns zuwenden.

Auch sie haben, wie man heute weiß, unterschiedliche Aufgaben. Aber:

»Die meisten Menschen in westlichen Gesellschaftssystemen neigen dazu, sich eher der Funktionen der linken als derjenigen der rechten Hälfte zu bedienen. Doch diese Dominanz ist nicht angeboren, sondern möglicherweise das Ergebnis der kulturellen und pädagogischen Systeme, die jene Fähigkeiten betonen, die der linken Hälfte zugeordnet sind«,

meint Peter Russell (»Der menschliche Computer«, Heine-Buchreihe »Kompaktwissen«). Er steht mit dieser Ansicht, die keineswegs bloße Vermutung ist, nicht allein, denn

»Untersuchungen lettischer Wissenschaftler haben eine sehr unterschiedliche Belastung der beiden Gehirnhälften ergeben. Krauklis (Anm.: so der Name des Forschers) *stellte fest, daß die linke Seite, die Sprachfunktionen und abstraktes Denken steuert, wesentlich stärker beansprucht wird als die rechte Seite, die mehr die bildhaften Vorgänge des Erkennens lenkt.*

Es ließ sich angeblich sogar nachweisen, daß eine allzu intensive Tätigkeit der linken Gehirnhälfte zu einer Verkümmerung *der potentiellen Anlagen der rechten Gehirnhälfte führt.«* (»Bild der Wissenschaft«, Nr. 2/1982, S.21)

Krauklis macht sodann, »*um das Allgemeinbefinden zu heben*«, Vorschläge zur besseren Betätigung der rechten Vorderhirnhälfte und kommt damit der Ansicht Russells (s. vor) entgegen, der meint: »*Im Idealfall sollte man beide Hälften* gleichmäßig *benutzen.*«
Hier also hat man – und das erscheint besonders bedeutsam – die Folge unzureichender Beanspruchung, die *Verkümmerung* und die Notwendigkeit einer Verhaltensänderung eingesehen. Man ist sich auch der Ursache bewußt geworden, die dazu geführt hat. Sie sei ihrer weitreichenden grundsätzlichen Bedeutung wegen mit den Worten einer Buchankündigung in »Bild der Wissenschaft« (Nr. 9/1982) nochmals kurz zusammengefaßt: »*In unserer Gesellschaft wird eindeutig die linke Gehirnhälfte, der Verstand gefordert. Es ist uns abgewöhnt wor-*

den, die schöpferischen Kräfte der rechten Gehirnhälfte zu nutzen.«

Wohlgemerkt: Noch sind wir innerhalb des Bereiches des *Vorder*hirns. Aber es ist nicht nur naheliegend, sondern geradezu selbstverständlich, daß sich die Auswirkungen solcher Einseitigkeit erst recht im Verhältnis zwischen dem Vorderhirn und dem zu ungleich verfeinerten und weiterreichenden Aufgaben berufenen Hinterhirn zeigen müssen, zu welchem allein schon durch die Verkümmerung der rechten Großhirnseite die wechselseitig begehbare Brücke wenig tragfähig geworden war.

Damit sind wir wieder bei der Gralsbotschaft als der schon längst vorhandenen Quelle für die Einsicht in die Tragweite dessen, was die Wissenschaft erst jetzt nach und nach auf Umwegen zu erkennen beginnt:

»Der Menschheit größte Schuld aber ist es von Anfang an, daß sie diesen Verstand, der doch nur Lückenhaftes ohne Leben schaffen kann, auf einen hohen Sockel setzte und förmlich anbetend um-

tanzte. Man gab ihm einen Platz, der nur dem Geiste vorbehalten werden durfte...
Die damalige umstellende Handlung der Menschen, die sich so einschneidend gegen den Schöpferwillen, also gegen die Naturgesetze, richtete, war der eigentliche ›Sündenfall‹, *dessen Folgen an Furchtbarkeit nichts zu wünschen übrig lassen; denn er wuchs sich dann zur* ›Erbsünde‹ *aus, weil die Erhebung des Verstandes zum Alleinherrscher auch wieder die natürliche Folge nach sich zog, daß die so einseitige Pflege und Betätigung mit der Zeit auch das Gehirn einseitig stärkte, so daß nur der Teil, der die Arbeit des Verstandes zu verrichten hat, heranwuchs, und der andere verkümmern mußte.«*
(GB »Es war einmal...!«)

Prüfen wir nun an Hand heutiger wissenschaftlicher Erkenntnisse, wieso dieser Defekt vererblich werden konnte.
Auf die Möglichkeit der Vererbung der durch Gebrauch oder Nichtgebrauch von Organen entstandenen Veränderungen hatte schon Lamarck hingewiesen. Darwinisten und Neodarwinisten hatten derartige Mutationen schließ-

lich mit den Genen in Verbindung gebracht, und die Entdeckung des genetischen Codes gestattete ein noch tieferes Eindringen in die Zusammenhänge. Demnach ist die DNS (Desoxyribonucleinsäure) jenes Molekül »... *mit dessen Hilfe die Natur die genetische Information einer Art im Zellkern speichert*«, was Hoimar von Ditfurth (»Unbegreifliche Realität«) den »*Mechanismus der Vererbung*« nennt.
Wir wissen also heute, daß und wie Veränderungen im Aufbau einer Art an ihre Abkömmlinge weitergegeben werden.
In jüngster Zeit hat schließlich die Entdeckung der Kybernetik zu einem neuerlich verbesserten Verständnis geführt. Die dieser Gesetzmäßigkeit zugrunde liegende »Kreiskausalität« führt dazu, daß die aus einer Ursache hervorgehende Wirkung wiederum auf die Ursache zurückwirkt. Es handelt sich dabei um das schon in der Gralsbotschaft beschriebene Gesetz der Wechselwirkung, dessen *umfassende* Bedeutung die Wissenschaft erst jetzt nach und nach zu erkennen beginnt:

»Das Gesetz der Wechselwirkung!
Ein Gesetz, das in der ganzen Schöpfung von Urbeginn an liegt, das in das große, nimmer endende Werden unlösbar hineingewoben wurde als ein notwendiger Teil des Schaffens selbst und der Entwickelung. Wie ein Riesensystem feinster Nervenfäden hält und belebt es das gewaltige All und fördert dauernde Bewegung, ein ewiges Geben und Nehmen!« (GB »Schicksal«)

Dies hat auch in bezug auf die Entstehung genetischer Veränderungen des Erbgutes zu vertieften Einsichten geführt:

*»Zwischen dem Verhalten und seiner biologischen Grundlage besteht also ein Rückkopplungsprozeß: Verhalten ist nicht nur Ursache für Veränderungen in den Genfrequenzen, Verhalten ist auch die Folge solcher Veränderungen. Der Evolutionsprozeß erhält damit eine Eigendynamik und läßt sich nicht auf einfache Ursache-Wirkung-Mechanismen zurückführen; er ist als ein fortschreitendes, das heißt, sich ständig entfaltendes System zu erklären...
Dadurch gewinnen Umweltbedingungen und eige-*

nes Verhalten zusätzlich an Bedeutung, indem sie morphologische (Anm.: Morphologie = Wissenschaft vom Bau der Lebewesen und ihrer Bestandteile) *Entwicklungsprozesse einleiten, fördern oder auch unmöglich machen«,* lesen wir bei John Eccles. (»Gehirn und Geist«)
Vereinfacht gesagt: Erbgut – Verhaltensweisen – Umweltbedingungen – Verhaltensweisen – Erbgut, sind ein einander bedingender, dauernde Veränderung bewirkender Kreislauf, durch welchen auch bestimmte Erbanlagen gefördert oder unterdrückt werden können. So macht etwa der Biologe Rupert Riedl die *Schulen* für die gezielte Beanspruchung der linken, betont Verstandes-Belangen dienenden Seite des Vorderhirns verantwortlich, wogegen sie die schöpferische rechte vernachlässigen. Niemand, der die Lehrpläne der allgemeinen Unterrichtsanstalten kennt, wird die Richtigkeit dieses Vorwurfs bestreiten, dem Riedl beifügt: *»Das ist nicht gut. Vielleicht wird es einmal umgekehrt sein!«* (Fernsehgespräch ORF/ Wien 30.8.1983)
Die sich verstärkende Auswirkung unge-

hemmter Verstandesbetonung sei hier an einigen Beispielen veranschaulicht:
Nachdem Forscherdrang die künstliche Befruchtung auch beim Menschen ermöglicht hat, wurden sogenannte »Samenbanken« errichtet: Ungenannt bleibende Spender stellen ihr Erbgut – nach Katalog zu bestellen – empfängniswilligen Frauen gegen »wertentsprechenden Kaufpreis« zur Verfügung! Robert Graham, Gründer des »Repository for Germinal Choice« in Lakeside/Kalifornien preist sein Unternehmen mit den Worten an: *»Wir beliefern nur verheiratete Paare mit unserem erstklassigen Gen-Material von Nobelpreisträgern und anderen ausgezeichneten Wissenschaftlern. Wir wollen unseren Kindern die bestmöglichen Startbedingungen geben.«* (»Bild der Wissenschaft«, Nr. 11/1984)
Das also ist es, was man als die rechte Voraussetzung eines sinnerfüllten Erdenlebens ansieht! Aber welche Eitelkeit der Wissenschaftler steckt doch dahinter, die sich so wichtig nehmen, daß sie sich wie eine Ware zu erbbiologischer Vervielfältigung anpreisen lassen!

Und eine Frau, die von diesem Angebot Gebrauch macht, um sich auf diese, aller höheren Bindekräfte entbehrenden Weise ein Kind »anzuschaffen«, muß ihrerseits betont verstandesmäßig eingestellt sein.

Das österreichische Fernsehen brachte vor einiger Zeit einen Bericht über eine solche Mutter. Er zeigte unter anderem, wie sie das erst zweijährige »Intelligenz-Wunderkind« Computer-Aufgaben lösen ließ!

Nicht weit davon liegt der Bericht einer Wiener Zeitung über ein »Institut zur Verbesserung menschlicher Leistungsfähigkeit«. Nach Ansicht seines Leiters *»müsse mit der Stimulation des Gehirns sofort nach der Geburt begonnen werden. Wie einen Computer müsse man es mit Daten füttern, auf daß es durch Training wachse«*(!). Diejenigen, die die Dienste dieses Instituts in Anspruch nehmen, sind, dem Bericht zufolge, meist Akademiker. (»Kurier«, Wien 2.8.1981)

Ein anderes Beispiel: In einer Fernsehreihe, in welcher vier- bis achtjährige Kinder bestimmte Begriffe beschreiben sollten, war ein sechsjähriger Junge in der Lage, den Begriff »Computer« mit allen notwendigen Eingaben und ihren Auswirkungen geradezu »fachmännisch« darzulegen.

Was wird aus solchen Kindern werden? Welche Werte werden sie weitervermitteln? Die Ausbildung, die Schule, sind nur die Folge des verbreiteten Wahns, der Verstand allein sei in der Lage, das Heil der Welt zu bewirken. Sie fördern freilich und sie verstärken diesen Wahn.

Machen wir uns aber klar, daß es sich dabei nur um die uns heute sichtbare »Spitze des Eisbergs« handelt. Verstandliche Überbetonung hat ja nicht erst mit dem Auftreten der Wissenschaften und der Technik eingesetzt. Sie hat ihre Wurzeln bereits in der menschlichen Frühgeschichte, als rücksichtslose Selbstbehauptung mit allem ihrem erklügelten Zweckverhalten an Stelle dankbarer Einfügung in die Schöpfungsordnung die Richtung der Menschheitsentwicklung bestimmte. Wieder sei hierzu Hoimar von Ditfurth (»Unbegreifliche Realität«) zitiert:

»Die Neigung zu der gegen Mitglieder der eigenen Art gerichteten Aggressivität fand unter dem Einfluß der ›natürlichen Selektion‹ Schritt für Schritt Eingang in die erbliche Konstitution unseres Geschlechts.«

Greifen wir andererseits wieder zur Gralsbotschaft:

»Das hatte zuletzt wiederum den Nachteil, daß schon seit Jahrtausenden ein jeder Kindeskörper, der geboren wird, durch immer weitergreifende Vererbung das vordere Verstandesgehirn so groß mit auf die Erde bringt, daß jedes Kind von vornherein durch diesen Umstand spielend wieder dem Verstande unterworfen wird, sobald dieses Gehirn die volle Tätigkeit entfaltet.« (GB »Es war einmal...!«)

Heute sind uns diese Worte der Gralsbotschaft, ist uns die »immer weitergreifende Vererbung« der einmal begonnenen Fehlentwicklung durch die kybernetische, sich in den Genen niederschlagende Aufschaukelung, die man auch als »positive Rückkopplung« bezeichnet, verständlich geworden. Sie führte zu jenem rapiden Wachstum des Vorderhirns, das Köstler mit einer Exponentialkurve verglichen hat, einer Kurve, die nicht dem gleichförmigen Anstieg der Zahlenreihe 1, 2, 3, 4 ... usw., sondern deren Quadratzahlen 1, 4, 9, 16 ... folgt, sich also sprunghaft steigert. Die einmal eingeschlagene Richtung hat die Geschicke der ganzen Menschheit beeinflußt, denn – so Viktor K. Wendt (»Polarität«): »*Jeder Mensch wirkt als eine autonome Zelle des Ganzen, also der Menschheit, und somit ist sein Schicksal mit dem der Ganzheit verbunden und verwoben.*«

Die Folgen

Das »Althirn«, so meint Köstler (»Das Gespenst in der Maschine«), »... *läßt sich mit einem primitiven Fernsehschirm vergleichen, der Projektionen aus der inneren Umwelt mit solchen aus der äußeren Umwelt kombiniert, häufig aber beide* miteinander verwechselt.«

Mit der beiläufigen Erwähnung einer solchen »Verwechslung« trifft er eine der schlimmsten Folgen des ungleichen Gehirnwachstums, von welcher schon in der Gralsbotschaft gesagt worden war:

»Das im Verhältnis viel zu kleine hintere Gehirn macht es den heute wirklich ernsthaft Suchenden auch schwer, zu unterscheiden, was echte Empfindung in ihm ist, und was nur lediglich Gefühl...
Hier haben wir den Unterschied zwischen dem Ausdruck der Empfindung als Folge einer Tätigkeit des Geistes, und den Ergebnissen des aus den körperlichen Nerven hervorgehenden Gefühles. Beides bringt Bilder, die für den Nichtwissenden schwer oder überhaupt nicht zu unterscheiden sind, trotzdem ein so gewaltiger Unterschied darin vorhanden ist...
Bei den Empfindungsbildern, der Tätigkeit des Kleingehirns als Brücke für den Geist, erscheint zuerst das Bild unmittelbar, und dann erst geht es in Gedanken über, wobei durch die Gedanken das Gefühlsleben des Körpers dann beeinflußt wird.
Bei den durch das Vorderhirn gezeugten Bildern

aber ist es umgekehrt. Da müssen Gedanken vorausgehen, um die Grundlage der Bilder abzugeben. Das geschieht aber alles so schnell, daß es fast wie eins erscheint. Bei einiger Übung im Beobachten jedoch kann der Mensch sehr bald genau unterscheiden, welcher Art der Vorgang ist.« (GB »Empfindung«)

Dieses Unterscheidungsvermögen: hier Empfindung – da Gefühl, aber ist von ungeheurer Wichtigkeit. Denn der Mensch sollte vor allem Empfindungsmensch sein. Die Empfindung ist ja die Sprache des *Geistes*, durch die er uns führen soll. Wie aber kann der Geist führen, wenn wir den Klang seiner Stimme nicht erkennen? Mit dem ungleichen Wachstum, mit der Verkümmerung des hinteren Gehirns, hat der Mensch den Kompaß gestört, der die wichtigste aller Richtungen weisen sollte: jene nach oben, in die geistige Heimat.

»Alle Anzeichen sprechen dafür, daß das Unheil begann, als der Neocortex (Anm.: Großhirn) *anfing, sich plötzlich mit einer Schnelligkeit auszudehnen, für die es in der ganzen Evolutionsge-*

schichte kein Beispiel gibt«, vermutet Köstler (s. vor) ganz richtig, denn nun, so meint der gleiche Autor, sind seine Funktionen »... *der normalen Kontrolle entglitten, so daß sie dahinrasen wie eine Dampfmaschine, bei der der Regler abhanden gekommen ist.«*

Genau so ist es! Der Regler, der die Abwägung vornimmt zwischen Soll-Wert und Ist-Wert, zwischen richtig und falsch, ist nicht mehr verläßlich, denn

»*Der Teil des Gehirnes, der die Brücke zum Geist bilden soll, oder besser die Brücke vom Geist zu allem Irdischen, ist also damit lahmgelegt, eine Verbindung abgebrochen oder doch sehr stark gelockert, wodurch der Mensch für sich jede Betätigung des Geistes unterband und damit auch die Möglichkeit, seinen Verstand ›beseelt‹ zu machen, durchgeistet und belebt.«* (GB »Es war einmal...!«)

Diese in der Gralsbotschaft geschilderte mangelhafte Verbindung stellt jetzt auch Köstler (»Der Mensch – Irrläufer der Evolution«) resignierend fest: »*Explosionen haben nun einmal keine harmonischen Ergebnisse, und in diesem Fall war das Ergebnis offenbar, daß die Denkhaube, die sich so rasant entwickelte und dem Menschen seinen Verstand bescherte, mit den älteren, emotionsgebundenen Strukturen nicht richtig verbunden wurde.«*

Verirrt, im irdischen Dickicht verstrickt, sieht sich die Menschheit in vielfacher Hinsicht heute scheinbar ausweglos von den Folgen dieser Fehlentwicklung umklammert.

»Allein den erdgebundenen Verstand zum Götzen zu erheben, genügte, um den ganzen Weg des Menschen umzustellen, den der Schöpfer ihm in seiner Schöpfung vorgezeichnet hatte.« (GB »Das verbogene Werkzeug«)

Haben diese Worte der Gralsbotschaft – nochmals sei daran erinnert: vor mehr als einem halben Jahrhundert niedergeschrieben – sich inzwischen nicht furchtbar bewahrheitet? Erleben wir ihre Richtigkeit in den Schreckensmeldungen nicht täglich aufs neue? Das Menschenhirn hat, so führt Theo Löbsack aus,

»... grundlegende Naturgesetzlichkeiten, an die sich viele Tiere und Pflanzen hielten, im Laufe der Zeit systematisch zu umgehen gelernt und lauter Aktionen provoziert, die für den Menschen tödlich verlaufen können...
Einst ein Organ mit der Funktion, die Überlebenschancen seiner Träger im Daseinskampf zu erhöhen, ist das Großhirn mittlerweile zu einem Katastrophenorgan geworden, dem es nicht mehr gelingen will, seine eigenen Werke unter Kontrolle zu halten, um sie mit den Lebensgrundlagen auf der Erde in Einklang zu bringen.«

Eben das aber erfüllt den von vielen Menschen mißverstandenen, oft fälschlich mit der Nichterfüllung von Formvorschriften in Verbindung gebrachten Begriff der »Sünde«. Es ist der Verstoß gegen die weise Ordnung der Schöpfung, die Nichteinfügung in die darin unverrückbar und selbsttätig wirkenden Gesetze, in denen der Wille Gottes zum Ausdruck kommt. Die Gralsbotschaft hat hierzu unmißverständlich gesagt: »*Wer gegen Gottes Willen handelt, also in der Schöpfung sündigt, ist den Fol-*

gen dieser Übertretung unterworfen. Gleichviel, wer es auch sei, und unter welchem Vorwande es ausgeführt wurde.« (GB »Es war einmal...!«)

Halten Sie dies nicht für eine bloß religionsphilosophische Betrachtung der Welt. Sie deckt sich bereits mit wissenschaftlicher Einsicht, etwa des Biologen Rupert Riedl (»Der Gottheit lebendiges Kleid«, Verlag Franz Deuticke): »*Gott hält sich auch an die von ihm geschaffenen Gesetze. Und diese Gesetze sind unverbrüchlich. Sie sind einzuhalten und mit dieser Gesetzmäßigkeit entstehen zumindest die Zwecke im Lebendigen, vielleicht aber sogar der Sinn.*«

Was dieser Sinnhaftigkeit nicht entspricht, entbehrt der Schönheit, hat keinen Bestand. So erkennt auch Hoimar von Ditfurth (»Unbegreifliche Realität«): »*Die Folgen des Verstandesglaubens, des Rationalismus als Religion, sind nicht nur häßlich und würdelos. Wie dem König Midas sich alles in Gold verwandelt, so verwandelt sich dem homo sapiens alles, was er anpackt, in Verderben.*«

Dieses Verderben – die unvermeidliche, durch

das Gesetz der Wechselwirkung ausgelöste Folge schöpfungsgesetzwidrigen Verhaltens – aber beschränkt sich nicht nur auf grobstofflich-irdische Auswirkung. Es reicht viel weiter. Denn durch die verfehlte Gehirnentwicklung steht der Mensch »... *nun einsam, unbrauchbar in der Schöpfung. Abgeschnitten von der Möglichkeit geistigen Erkennens und Aufstieges, damit abgeschnitten auch von Gott!*« (GB »Das verbogene Werkzeug«)

Für den, der den unverrückbaren Wahrheitsgehalt der Gralsbotschaft noch nicht erfaßt hat, mögen diese Worte als überspitzte Folgerung erscheinen, mit dem Ziel, »uns bange zu machen«. Doch jetzt, mehr als fünfzig Jahre danach, bestätigt auf Grund des Zustandes der heutigen Welt Hoimar von Ditfurth (s. vor) dieses Ergebnis der unbeschränkten Herrschaft des Verstandes mit seiner Feststellung: »*Alle Formen des Glaubens, die sich nicht wissenschaftlich ausweisen konnten, wurden zerstört. Der Mensch ist mit dem Diesseits und seiner Vernunft endlich allein. Die Kälte hätte größer nicht sein können.*«

Kommt uns da nicht der Bibelbericht von der Vertreibung aus dem Paradies in den Sinn? Es ist das durch eigene Schuld herbeigeführte Herausfallen aus der Geborgenheit der sorgenden, fördernden Ordnung der Schöpfung.

Ein neues Verständnis

Der tiefste Talgrund, in dem sich die Menschheit als Folge der Fehlentwicklung befindet, erzwingt aber letztlich auch eine Umkehr. Und wenn auf diesem Wege nach unten »jene Glaubensvorstellungen zerstört worden sind, die sich nicht wissenschaftlich ausweisen konnten«, so könnte dies manchem zum Segen gereichen. »Blinder« Glaube, der den Schöpfungsgesetzen zuwiderläuft, die Wirklichkeiten verleugnet und Unmögliches hinzunehmen verlangt, kann nämlich nur in die Irre führen.
Deshalb heißt es in der Gralsbotschaft,

»... daß auch Religionswissenschaft und Naturwissenschaft in jeder Beziehung eins sein müssen in lückenloser Klarheit und Folgerichtigkeit, wenn sie die Wahrheit *wiedergeben sollen.«* (GB »Weltgeschehen«)

Dieser Satz ist von ungeheurer Bedeutung. Er räumt auf mit der bisherigen Trennung in eine Welt erklügelter Glaubensvorstellungen und eine ihr widerstreitende der Naturerkenntnis. Der Mensch vermag endlich sehend zu werden. Denn hier wurde ein Weltbild entrollt, das nicht nur auf allen Gebieten von den Naturwissenschaften bestätigt wurde und wird, sondern wo diese, nur im Besitze vereinzelter Fakten, an die Grenzen ihrer Möglichkeiten stoßen, die vereinigenden Erklärungen liefert.

Dies sei am Beispiel der hier behandelten Erbsünde noch einmal kurz zusammengefaßt:

Das unverhältnismäßig schnelle Wachstum des Vorderhirns, das Zurückbleiben der übrigen Hirnpartien und die sich daraus ergebende Unausgeglichenheit des menschlichen Handelns sind heute unbestritten. Auch die Ursache ist bekannt: Es ist die betonte Hinwendung an den Verstand, der nur jene Gehirnteile genützt und dadurch gefördert hat, die verstandesmäßige Aufgaben lösen. Auch hat die jüngste Forschung ergeben, daß unser Erbgut dadurch geprägt worden ist. Bestürzt sieht man sich jetzt den Folgewirkungen ausgeliefert. Alles das aber hatte die Gralsbotschaft schon längst aufgezeigt.

Doch schon ist derselbe Verstand bestrebt, sich von der Schuld daran zu entlasten und – wie immer bei Unangenehmem – den Schöpfer verantwortlich dafür zu machen. Zwar sei, so meint Köstler (»Das Gespenst in der Maschine«), bei der Entwicklung jedenfalls »*etwas schiefgelaufen*«, doch müsse der Mensch einen »*Konstruktionsfehler*« haben, der ihn zum »*Irrläufer der Evolution*« oder – so Löbsack – zum »*Fehlschlag der Natur*« werden ließ.

Dem hält die Gralsbotschaft die unerbittliche Wahrheit entgegen:

»Die Sünde, also die falsche Handlung, war das Zu-großziehen des Verstandes, die damit verbundene freiwillige Kettung an Raum und Zeit und die dann eintretenden Nebenwirkungen der strikten Verstandesarbeit, wie Gewinnsucht, Übervorteilung, Unterdrückung usw., die viele andere, im Grunde eigentlich alle Übel in Gefolgschaft haben...
Das Mitbringen dieses freiwillig großgezüchteten Vordergehirnes, in dem die Gefahr der reinen Verstandesherrschaft liegt, mit den dann unvermeidlichen üblen Nebenerscheinungen, ist die Erbsünde!« (GB »Erbsünde«)

Wird der Begriff der Erbsünde dadurch nicht aller Unbestimmtheit entkleidet? Es ist ein einsehbares, erweisliches, weil längst schon verwirklichtes Geschehen!
Heute sehen wir in der vielfältigen Gefährdung aller Lebensbelange, in welchen Wahnwitz uns diese schrankenlose Vorherrschaft des Verstandes geführt hat und in Verblendung ihrer Anhänger weiterhin zu führen gewillt ist!
Jetzt erst wird die Menschheitstragödie er-

sichtlich, auf die in dem verschlüsselten biblischen Gleichnis vom Sündenfall mahnend verwiesen wurde. Das Gleichnis aber geht, so meine ich, weiter, als wir es bisher gedeutet haben. Ist Kain, der seinen Bruder Abel erschlägt, nicht Sinnbild für den Verstandesmenschen, der im Verlaufe der Menschheitsgeschichte immer das Geistige unterdrückt hat, weil er neidvoll nicht zu begreifen vermag, weshalb der Rauch vom Feuer des Bruders, nicht aber der seine zur Höhe steigt? Und schreit die zerstörte, vergiftete Welt uns nicht: »Kain, was hast Du getan?« entgegen?

Spät, fast unwillig, kommt nun – so Löbsack – die Einsicht: »... *so stehen wir vor der beleidigenden Erkenntnis, daß unser Überleben auf längere Sicht vermutlich eher durch das Wirken sogenannter blinder Kräfte gewährleistet worden wäre als durch unsere Gehirntätigkeit.*«

Und doch: Ist das nicht eigentlich selbstverständlich? Die selbsttätig wirkenden »blinden« Kräfte sind ja die von der Weisheit Gottes allüberall zeugenden Schöpfungsgesetze. So wie beim Bade im Meer die Welle den trägt,

der sich ihr anschmiegt, aber gefährlich wird dem, der, ihr widerstrebend, nur auf dem Grunde Sicherheit sucht, verlangen auch sie, ihnen mehr zu vertrauen als der eigenen Selbstherrlichkeit. Denn: *»Die göttlichen Gesetze sind in allem wahre Freunde, sind helfende Gnaden aus dem Willen Gottes, der die Wege zu dem Heile damit öffnet jedem, welcher sich darum bemüht«,* sagt die Gralsbotschaft (»Die Sprache des Herrn«).
Wir aber stehen nun vor dem Schrecknis der nach *unseren* Wünschen gestalteten Welt. Wozu es also länger verleugnen, was schon die Gralsbotschaft (»Es war einmal...!«) gebrandmarkt hat:

»Der jetzige Verstandesmensch ist nicht mehr ein normaler Mensch, sondern ihm fehlt jede Entwickelung des Hauptteiles seines Gehirnes, der zum Vollmenschen gehört, durch das Verkümmernlassen seit Jahrtausenden. Jeder Verstandesmensch hat ausnahmslos nur ein **verkrüppeltes** *Normalgehirn!«*

Diese Worte finden bei Köstler (»Der Mensch – Irrläufer der Evolution«) jetzt dem Sinne nach ihre Entsprechung:

»*So ließ das explosive Gehirnwachstum eine geistig unausgeglichene Spezies entstehen, bei der sich altes Gehirn und neues Gehirn, Gefühl und Intellekt, Glaube und Vernunft in den Haaren liegen.*«

Und Löbsack zieht daraus die Folgerung: »*Nur dann gäbe es Hoffnung auf eine günstigere Entwicklung, wenn wir Menschen uns radikal umstellen könnten, wenn wir ganz anders denken und handeln könnten, als unsere Großhirne uns diktierten.*«

Dem Leser der Gralsbotschaft klingt dieses nun erkannte Erfordernis sehr bekannt:

»*Will er* (Anm.: der Mensch) *erwachen, so ist er gezwungen, vorher erst ›die Lichter umzustellen‹. Was jetzt oben ist, den Verstand, an seinen ihm von Natur aus gegebenen Platz zu setzen, und den Geist wieder an oberste Stelle zu bringen. Diese notwendige Umstellung ist für den heutigen Menschen nicht mehr so leicht.-*« (GB »Es war einmal...!«)

Doch er kann sie schaffen, obwohl er erblich belastet ist, denn:

»Die Feststellung einer erblichen Disposition ist eben nicht identisch mit der Feststellung der Ohnmacht des disponierten Subjekts und damit seiner Entschuldigung«, lesen wir bei Hoimar von Ditfurth (»Unbegreifliche Realität«).

Es ist fast, als spräche er Abd-ru-shin nach, der hinsichtlich dieser Beschränkung auch schon den Weg zur Befreiung aufgezeigt hat:

»Doch das entzieht ihn (Anm.: den Menschen) *nicht etwa einer Verantwortung. Diese bleibt ihm; denn er ererbt nur die Gefahr, nicht die Sünde selbst. Es ist durchaus nicht notwendig, daß er bedingungslos den Verstand herrschen läßt und sich ihm dadurch unterwirft. Er kann im Gegenteile die große Kraft seines Verstandes wie ein scharfes Schwert benutzen und sich in dem irdischen Getriebe damit den Weg freimachen, den ihm seine Empfindung zeigt, die auch die innere Stimme genannt wird.«* (GB »Erbsünde«)

Wie nach dem homöopathischen Grundsatz, daß Schädliches durch die Gleichart geheilt wird, wenn nur die Verdünnung entsprechend ist, kann auch der Verstand *als Werkzeug des Geistes* sinnvoll und somit maßvoll verwendet, den Menschen wieder ins Gleichgewicht bringen.
Nicht der Prediger einer Kirche, ein Mann der Wissenschaft ist es heute, der – so Hoimar von Ditfurth (s. vor) – das Bild dieses neuen Menschen entwirft:

»Wir können wieder auf einen Menschen hoffen, der sich nicht innerlich beziehungslos einem kosmischen Riesenwerk gegenübersieht, sondern der in dem Bewußtsein handelt, einer übermenschlichen Macht verantwortlich zu sein, die gewillt ist, mit ihm nach Verdienst zu verfahren.«

Welche Sehnsucht nach dem Erringen wahren Menschentums spricht doch daraus! Wüßte man doch endlich um die Zusammenhänge der im Gesetze der Wechselwirkung *selbst* verursachten Auslösungen!

Der Weg dahin freilich verlangt, um den Begriff der »Erbsünde« länger nicht scheu herumzuschleichen, sondern sie endlich als jene Erscheinung zu verstehen, als welche sie sich heute in aller Klarheit und mit allen ihren Folgen erkennen läßt, denn »... *es ist gerade die Einsicht in die genetische Komponente unserer Verhaltensweisen ... eine unumgängliche Voraussetzung jeglicher Chance auf eine Besserung der Lage*«, betont Hoimar von Ditfurth in »Unbegreifliche Realität«.

Ein gestaltloser Religionsbegriff und jüngste Einsichten der Forschung verbinden sich »Im Lichte der Wahrheit« der Gralsbotschaft mithin zu einem *neuen Verständnis*. Hier *sind* Wissenschaft und richtig verstandener Glaube eins geworden. Nun wissen wir, was es mit dieser »Erbschaft« auf sich hat, wie sie entstanden ist und wie wir uns ihrer wieder entledigen können.

So findet diese Betrachtung doch noch ein hoffnungsvoll-tröstliches Ende: Einer *erkannten* Gefahr kann man entgegenwirken! Möge jeder bei sich – im eigenen und im Interesse der Menschheit – in diesem Bestreben erfolgreich sein!

DER GOTTES-AUSWEIS

– Gedicht –

Der Gottes-Ausweis

Zu Ende litt der lang verheiß'ne Christ,
erfüllend das Gesetz im Erdenkleide;
die Menschen aber höhnten seinem Leide:
»Steig' doch vom Kreuz, wenn Gottes Sohn Du
                              bist!«
Durch Wunder nur, mit Ruch von Zauberei,
sollte ihr Gott sich ihnen offenbaren –
und hatten doch das Wunder längst erfahren
in Jesu Wort – und hörten dran vorbei.
Denn dieses Wort war ihnen unbequem,
weil seinetwegen sie sich ändern sollten;
ihr Gott doch mußte sein, wie sie ihn wollten:
der Trägheit und dem Dünkel angenehm.
So wurde Christi Wort verdreht, entstellt,
die Gottesweisheit menschlich zugerichtet,
der Mord in die Erlösung umgedichtet,
denn wahr sein darf allein, was uns gefällt!
Und als der Menschensohn zur Erde kam,

da schrie – als er die *reine* Wahrheit brachte –
man wieder nach Beweisen und verlachte
erneut die Botschaft, die man nicht vernahm.
Denn dies allein ist Ausweis für das Licht:
Wer es in sich erlebt, wird neu geboren.
Die blinden Seelen und ertaubten Ohren
erreicht durch eig'ne Schuld die Kunde nicht.
Doch Gottes Wort schließt nun der Menschheit Kreis
und richtend wird es Spreu vom Weizen trennen,
denn der nur kann Imanuel erkennen,
der Gottes Zeugnis wohl zu lesen weiß.